# Süsses aus dem Wald

Candy Arnold-Prendel

# SÜSSES AUS DEM WALD

70 KREATIVE BACKREZEPTE MIT WILDEN KRÄUTERN, BEEREN UND FRÜCHTEN

Mit veganen und glutenfreien Varianten

CHRISTIAN

# Inhalt

# Einleitung

7

# Einleitung

»Going into the woods is going home« – in diesem Zitat von John Muir steckt so viel Wahrheit. Es gibt kaum einen Menschen, der im Wald nicht zur Ruhe kommt. Vielleicht erinnern wir uns dort an etwas, das ganz tief in uns steckt, besinnen uns auf unsere Wurzeln. Und gerade in unseren Breitengraden waren Wälder seit Urzeiten das Zuhause von Mensch und Tier. Sie waren Lebensraum und Nahrungsquelle zugleich.

Egal ob Jäger oder Sammler, unsere Vorfahren waren auf die Gaben des Waldes angewiesen, lange bevor es Landwirtschaft und Gartenbau gab. Der Wald hält vieles bereit, aber gemessen an der heutigen Bevölkerungsgröße und den Ernährungsgewohnheiten würde die Rechnung aktuell nicht mehr aufgehen, wir könnten uns nicht ausschließlich aus dem Wald ernähren. In späteren Zeiten war der Wald eher für die Beschaffung von Fleisch durch die Jagd und von Kräutern für die Heilung da, galt als gefährlich für uns Menschen, wurde zum Schauplatz von allerlei wilden Märchen und Sagen. Dabei ist der Wald dem Menschen eher ein Freund, ein Ort, an dem man sich geborgen fühlen kann. Und natürlich hat der Wald etwas Magisches an sich. Nicht zuletzt wegen seiner positiven Wirkung auf die Psyche, die in wissenschaftlichen Studien zum Thema Waldbaden längst nachgewiesen wurde.

Heute sucht man den Wald eher zur Erholung auf und nutzt Zutaten für Kuchen und Co. aus dem Garten. Aber warum nicht beides miteinander verbinden? Neben Pilzen und Bärlauch gibt es im Wald vieles mehr, was sich in der Küche verwenden lässt. Und nicht nur für Herzhaftes, sondern auch und vor allem für süße Leckereien. Darum geht es in meinem Buch – hier finden alle Waldverliebten, die es genießen, sich auch aus der Natur zu versorgen, Rezepte für Kekse, Kuchen und andere Köstlichkeiten. Es hat seinen besonderen Reiz, neben der Ernte aus Eigenanbau auch Zutaten aus Wildsammlung zu nutzen, um himmlisches Naschwerk zuzubereiten. Für mich ist das eines der schönsten Gefühle.

## WARUM ICH DIESES BUCH SCHREIBE

Nach den Flower Cakes hatte ich große Lust, den Waldzauber in einem weiteren Buch einzufangen. Es fühlt sich alles so ursprünglich an, wenn man in den Wald geht, sammelt und kocht oder backt. Dabei geht es gar nicht so sehr um die großen Mengen oder das gezielte Suchen. Auch die Handvoll Kräuter oder Beeren lassen sich in kleine Leckerbissen verwandeln, indem man die angegebenen Mengen in den Rezepten einfach abwandelt.

Ich möchte mit dieser Sammlung zeigen, wie unheimlich viel die Natur zu geben hat. Vielleicht gelingt es mir, euch für diese Fülle zu öffnen. Es ist zutiefst befriedigend, sich auf die Natur und insbesondere auf die Schönheit des Waldes einzulassen – dem Rauschen der Bäume zu lauschen, die verschiedenen Düfte einzuatmen, raue Blätter oder stachelige Maronen zu erfühlen, die hübschen Details der verschiedenen Kräuter und Blumen zu bewundern oder einfach den Geschmack fruchtiger Beeren zu genießen. Mit allen Sinnen!

Eine Besonderheit in meinem Buch ist, dass es zu allen Rezepten glutenfreie Varianten gibt oder sie durch den Einsatz von alternativen Mehlsorten von vornherein glutenfrei sind. Das hat einen konkreten Hintergrund, denn leider erkrankte ich im Laufe der Entwicklung meiner Rezepte, was die vorläufige Umstellung auf eine glutenfreie Ernährung mit sich brachte. Es war nicht einfach, aber es ist machbar – und die Ergebnisse sind mindestens genauso lecker. Richtig inspirierende Bücher zu glutenfreiem Backen sind mir noch nicht untergekommen, und so wage ich hiermit selbst den Versuch.

Darüber hinaus versuche ich bereits an vielen Stellen pflanzliche statt tierische Produkte und liefere eine vegane Alternative mit, sofern ein Rezept nicht schon von sich aus vegan ist. Ich verwende zum Beispiel ausschließlich pflanzliche Butter und Pflanzenmilch. Eier kommen in vielen Rezepten zum Einsatz, ich biete aber immer eine Möglichkeit an, sie zu ersetzen, genauso wie bei Milchprodukten. Ich bin zwar nicht auf das vegane Backen spezialisiert, halte die dargestellten Alternativen aber für eine gute Gelegenheit, sich an das Thema heranzutasten.

Insgesamt sehe ich mein Buch als Inspirationsquelle und versuche, so vielen Geschmäckern und Ernährungsgewohnheiten wie möglich entgegenzukommen.

## DER KREISLAUF DER NATUR

Der Aufbau dieses Buchs orientiert sich am Rhythmus der Jahreszeiten, angefangen von zarten Veilchen, die im März ihren betörenden Duft verströmen, über die üppige Beerenzeit bis hin zu den herbstlichen Kreationen mit Nüssen und Honig. Für die nachfolgenden Rezepte verwenden wir ausschließlich Pflanzen, die in unseren heimischen Wäldern wachsen, es werden keine exotischen Zutaten benötigt. Aufgrund der festen Vegetationsperioden der einzelnen Beeren, Blüten und Kräuter ist eine gewisse Saisonalität vorgegeben – man sollte die Natur also genau beobachten, wenn man bestimmte Rezepte nachbacken möchte. Oder bei zufällig gesammelten Zutaten im Buch nachschauen, was sich daraus herstellen lässt.

Eins sei gleich vorweggeschickt: Die meisten Rezepte lassen sich abwandeln und auch mit anderen Beeren, Nüssen oder Blüten zubereiten. Und man findet vieles als fertige Zutaten im Internet, wenn man zum Beispiel die Robinienblüte verpasst hat. Statt frischer Beeren kann man natürlich auch Tiefkühlware nutzen. Es gibt immer eine Möglichkeit!

Mir war es sehr wichtig, zu zeigen, dass man auch aus wenigen Zutaten etwas Schmackhaftes zaubern kann. Dabei gilt es, mit der Natur achtsam umzugehen, was für mich auch heißt, von einer Pflanze nicht alles abzupflücken. Nehmt immer nur so viel von einer Pflanze, wie ihr benötigt, und lasst den Rest weiterleben. Einige Pflanzen stehen auf der Liste der geschützten Arten – auch wenn sie essbar sind, solltet ihr darauf verzichten, sie zu pflücken. Ich habe in den folgenden Rezepten nur Pflanzen verwendet, die nicht in ihrem Bestand gefährdet sind. Achtet außerdem darauf, ungespritzte Kräuter und Blüten zu ernten und auch nur solche, die ihr eindeutig identifizieren könnt. Und natürlich ist es wichtig, nur dort zu ernten, wo es erlaubt ist. Im Wald gibt es manchmal private Wege, die man meiden sollte.

Ich empfehle außerdem, euch für den Waldspaziergang ein kleines handliches Pflanzenbestimmungsbuch zuzulegen. Zwar kommen bei mir keine außergewöhnlichen Pflanzen zum Einsatz, aber da es manchmal ungenießbare Doppelgänger gibt, ist das sehr ratsam.

Pflanzen leben mit uns in einer großen Gemeinschaft. Gebt ihnen etwas zurück, erfreut euch an ihnen, pflegt sie vielleicht sogar. Es ist wundervoll, den Wald zu allen Jahreszeiten zu erleben und der Natur beim Werden und Vergehen zuzusehen. Vielleicht habt ihr einen besonderen Ort, den ihr gern aufsucht, an dem ihr regelmäßig bestimmte Blüten, Beeren, Wildfrüchte oder Kräuter findet und um den ihr euch deshalb kümmert. So findet ihr vielleicht euer persönliches Jahresrezept, als Gabe von eurem Lieblingsort. Ich würde euch wünschen, dass ihr eine innige Bindung zum Wald aufbauen könnt und dort auch etwas zurückbekommt, das euch Freude macht.

Und nun wünsche ich euch viel Spaß und Genuss beim Sammeln und Nachbacken. Und denkt das nächste Mal an eure Körbchen, wenn ihr einen Waldspaziergang unternehmt.

Eure Candy

# Hinweise zu den Rezepten

»Süßes aus dem Wald« besteht aus drei großen Kapiteln mit Rezepten. Diese stehen am Anfang des Buches, ganz ohne Unterbrechungen durch Erklärungen oder Tabellen.

Die Rezepte sind immer gleich aufgebaut: Die benötigten Zutaten stehen links, rechts werden die einzelnen Zubereitungsschritte beschrieben. Die Angaben gelten für kleinere Kuchen oder Keksmengen. Wie viele Portionen, Stücke oder welche Kuchengröße sich daraus ergeben, steht jeweils beim Rezept. Eine Erhöhung von Größe oder Stückzahl ist problemlos möglich.
Hier eine kleine Übersicht zur Umrechnung von Kuchengröße zu Kuchengröße, vom Durchmesser einer runden Form ausgehend:

| **Originalrezept** | 15 cm | 20 cm | 28/30 cm |
|---|---|---|---|
| **Wunschgröße** | 20 cm | 28 cm | 20 cm |
| **Umrechnung** | alles mal 1 ½ nehmen, ggf. die Backzeit anpassen | alles mal 2 nehmen, ggf. die Backzeit erhöhen | alles durch 2 teilen, ggf. die Backzeit reduzieren |

Bei jedem Rezept findet ihr folgende Angaben: Stückzahl bzw. Portionen, Zubereitungszeit, gegebenenfalls auch Gehzeit, Backzeit oder Kühlzeit. Die Rezepte sind gekennzeichnet als glutenfrei und/oder vegan, oder ihr findet unter dem Rezept einen Hinweis auf eine glutenfreie Variante oder eine Möglichkeit, es zu veganisieren. Grundsätzlich sind meine Rezepte vegetarisch und ich nutze häufiger pflanzliche Alternativen zu Milchprodukten.

Ich habe mich in allen Fällen für die meiner Meinung nach geschmacklich optimale Rezeptur entschieden. Bei der Nutzung von Alternativen kann das Ergebnis geschmacklich oder von der Konsistenz her aber etwas vom Original abweichen. Teilweise erfordert es kleinere Anpassungen, wie z. B. die Zugabe von Zucker, von Ei oder eines Bindemittels.

Da manche Rezepte in veganer Ausführung in mehreren Punkten anders zubereitet werden als das Original, gibt es ein eigenes Kapitel mit veganen Grundrezepten, auf die ich der Übersicht halber jeweils im Tipp zur veganen Alternative verweise. Bitte beachtet abweichende Mengenangaben!

Bei dieser Gelegenheit möchte ich euch dazu einladen, euch experimentierfreudig zu zeigen und euch an alternative Zubereitungsarten heranzuwagen. Ich freue mich, dass ich sowohl für die glutenfreie als auch für die vegane Ernährungsweise etwas anbieten kann.

Darüber hinaus finden sich nach jedem Kapitel einige Porträts von Pflanzen, die typisch sind für die jeweilige Jahreszeit, mit Abbildungen, Informationen zum idealen Erntezeitpunkt, ihren unverkennbaren Merkmalen und ihrer Verwendung, und einen Rezepttipp habe ich ebenfalls beigefügt. Einen Saisonkalender für Waldblüten, Wildkräuter, Beeren und Wildfrüchte erhaltet ihr im hinteren Teil des Buches.

Grundrezepte für die Nutzung von Blüten, Kräutern und Wildfrüchten findet ihr neben der Beschreibung in den Rezepten zusätzlich im hinteren Teil des Buches.

Weil ich aus gesundheitlichen Gründen gezwungen bin, glutenfrei zu backen, und auch sonst jede Menge alternative Mehle zum Einsatz kommen, gibt es zu diesem Thema ein Extrakapitel. Darin erfahrt ihr, woraus diese Mehle bestehen, welche Geschmacksrichtungen mit den Mehlen jeweils gut unterstützt werden und welche Mengen an herkömmlichem Mehl man damit ersetzen kann. Auch weitere alternative Mehlsorten werden vorgestellt.

Und zu guter Letzt habe ich noch eine Reihe von Bezugsquellen für diverse Produkte für euch zusammengetragen, um euch die Suche nach bestimmten Zutaten zu erleichtern.

# Rezepte

# 13

# DER WALD IM FRÜHLING

# Der Wald im Frühling

## WILDE BLÜTEN UND JUNGE KRÄUTER

15

# Veilchenmousse-Tartelettes

**Ergibt:** 4 Tartelettes oder
1 Tarte (20 cm ø)
45 Minuten Zubereitungszeit
12 Minuten Backzeit
3 Stunden Kühlzeit

## FÜR DEN VEILCHENZUCKER

- 1 EL weißer Rohrzucker
- 15 Veilchenblüten sowie 2 Veilchenblüten mit Stiel plus mehr zum Verzieren

## FÜR DEN TEIG

- 125 g Weizenmehl (Type 405), plus etwas mehr für die Form
- 40 g Puderzucker
- 1 TL Backpulver
- 1 EL Abrieb von 1 unbehandelten Zitrone
- 70 g pflanzliche Butter, gewürfelt, plus etwas mehr für die Form
- ½ TL Fleur de Sel

## FÜR DIE FÜLLUNG

- 150 g Schlagsahne
- 60 g weiße Schokolade
- 2 Blüten Veilchen mit Stiel
- 1 EL Veilchenzucker
- bei Bedarf 1 TL Holunderbeerenpulver (für die Farbe)
- bei Bedarf ein paar Veilchenblütenblätter

Wenn ich im Frühjahr die ersten kleinen Veilchen entdecke, die unsere Nasen verwöhnen, kann ich nicht widerstehen. Eine Handvoll Blüten reicht aus, um diese kleinen aromatischen Tartelettes mit leichter Mousse zuzubereiten, die perfekt zu einer Tasse Tee passen.

Zunächst den Veilchenzucker herstellen. Dazu die Veilchenblüten ohne Stiel mit dem Rohrzucker in einem Mörser fein verreiben. Den Zucker auf einem Teller ausbreiten und einen Tag trocknen lassen. Anschließend nochmals fein mörsern, um eventuelle Klümpchen zu zerkleinern.

Das Mehl, den Puderzucker, das Backpulver, den Zitronenabrieb, die Pflanzenbutter und das Salz mit den Händen rasch zu einem Mürbeteig verkneten und 1 Stunde kalt stellen. Den Backofen auf 180 °C (Ober-/Unterhitze) vorheizen. Vier Tarteletteförmchen oder eine Tarteform (20 cm ø) mit Hebeboden mit Butter ausstreichen und mit Mehl bestreuen. Den Teig hineindrücken und einen Rand bilden. Mit der Gabel mehrmals einstechen. Für 12 Minuten backen, herausnehmen und abkühlen lassen.

Für die Füllung 100 g Sahne kurz erhitzen und die Veilchenblüten mit Stiel kopfüber hineinhängen. Nach 2 Stunden Ziehzeit wieder entfernen. Die weiße Schokolade über dem Wasserbad schmelzen und die restliche Sahne in einer separaten Tasse kurz im Wasserbad erhitzen. 15 Minuten abkühlen lassen. Die geschmolzene Schokolade und die Sahne vermischen. Die Veilchensahne mit den Schneebesen des Rührgerätes aufschlagen und unter die geschmolzene Schokoladensahne heben. ¼ der Masse abnehmen und mit 1 EL von dem Veilchenzucker und nach Wunsch dem Holunderbeerenpulver verrühren.

Nun einen Spritzbeutel mit einer Lochtülle oder Sterntülle vorbereiten. Die lila Masse auf einer Seite des Spritzbeutels einfüllen, mit der weißen Masse auffüllen. Nun die Füllung hübsch in die Tartelettes geben, sodass ein schönes Muster in Lila-Weiß entsteht. Nach Belieben mit Blüten dekorieren.

GLUTEN FREI Statt Weizenmehl 115 g helle glutenfreie Mehlmischung (z. B. Kuchenmix von Schär) nutzen und 1 TL Flohsamenschalenpulver zugeben.

VEGAN Statt Schlagsahne funktioniert das Rezept auch mit veganer Schlagcreme.

GLUTEN FREI VEGAN

# Veilchenlollis

**Ergibt:** 5 Lollis
20 Minuten Zubereitungszeit
15 Minuten Kochzeit
2 Stunden Kühlzeit

## ZUTATEN

— 5 Veilchenblüten
— 60 g Zucker
— 30 ml Glukosesirup
— ¼ TL Zitronensäure
— 5 Lollistiele (z. B. Cupcake-stiele)

Für einen süßen Wow-Effekt sorgen diese kleinen Blütenlollis, die schnell gemacht sind und herrlich im Sonnenlicht funkeln. Die wenigen benötigten Blüten von duftenden Veilchen pflückt man im Vorbeigehen.

Die Veilchenblüten etwas ausschütteln und auf ein Stück Frischhaltefolie legen. Diese darüberklappen und mit einem Gewicht beschweren, sodass die Blüten flach gepresst werden. Dabei aufpassen, dass sie nicht knicken. Etwa 30 Minuten stehen lassen.

In einem kleinen Topf den Zucker, den Glukosesirup, 15 ml Wasser und die Zitronensäure vermischen und aufkochen. Dabei gleichmäßig rühren. Maximal 5 Minuten (bei höchstens 145 °C) köcheln lassen, dabei weiterrühren.

Währenddessen ein Backblech mit Backpapier vorbereiten. Von der Zuckermasse vorsichtig je Lolli einen knappen Esslöffel gleichmäßig aufträufeln. Die Veilchenblüten in der Mitte platzieren und nochmals je einen halben Esslöffel Zuckermasse darauftropfen. Die Lollistiele unterhalb der Veilchen in die Zuckermasse drücken und drehen. Mindestens zwei Stunden fest werden lassen. Vorsichtig vom Backpapier abziehen und in Gläser stellen.

**Tipp:** Die Lollis werden mit der Zeit klebrig, daher empfiehlt sich der baldige Verzehr.

# Veilchenblüten-Madeleines

**Ergibt:** 12 Madeleines oder 24 Mini-Madeleines
25 Minuten Zubereitungszeit
14 Minuten Backzeit
2 Stunden Kühlzeit

## FÜR DEN TEIG

- 3 Eier (Größe M)
- 120 g Puderzucker, gesiebt, plus 3 EL für die Glasur (optional)
- 1 EL Veilchenblütenzucker, plus 1–2 EL mehr zum Verzieren
- 1 EL Rum
- 150 g Weizenmehl (Type 405)
- 40 ml Mandelmilch
- 50 g pflanzliche Butter, zerlassen

## FÜR DIE DEKORATION

- 100 g weiße Kuvertüre
- etwas Zitronensaft (nach Bedarf)

Wenn man noch Veilchenblütenzucker aus dem Frühjahr übrig hat, kann man mit diesen feinen Madeleines auch im Winter deren Aroma genießen. Ich persönlich mag Madeleines wegen ihrer leicht elastischen Konsistenz, die dem Gebäck eine gewisse Feinheit verleiht. Das passt sehr gut zu Veilchen.

Den Backofen auf 170 °C (Ober-/Unterhitze) vorheizen. Eine Madeleine-Form aus Silikon bereitlegen. Die Eier mit dem Puderzucker und dem Veilchenblütenzucker schaumig rühren. Den Rum unterrühren, gefolgt von dem Mehl und der Mandelmilch. Die zerlassene Butter einrühren und alles zu einem glatten Teig vermengen. Diesen esslöffelweise in die Form geben, dabei nicht überfüllen. Etwa 14 Minuten (20 Minuten bei großen Exemplaren) backen, abkühlen lassen und aus der Form nehmen.

Für die Dekoration gibt es zwei Möglichkeiten. Für Erstere die weiße Kuvertüre temperieren. Dafür ²/₃ der gehackten weißen Kuvertüre im Wasserbad schmelzen, bis sie etwa 45 °C hat. Dann die restliche gehackte Kuvertüre hinzugeben und umrühren, bis diese geschmolzen ist. Die Temperatur überprüfen und auf etwa 30 °C abkühlen lassen. In die Mulden der gesäuberten und getrockneten Madeleineform etwas groben Veilchenblütenzucker streuen. Vorsichtig 1 TL weiße Kuvertüre einfüllen und die ausgekühlten Madeleines hineindrücken. Komplett fest werden lassen und herausnehmen. Das ergibt eine schöne Form der Kuvertüre. Wenn sie gut temperiert wurde, glänzt sie schön. Für eine einfachere Glasur den Veilchenblütenzucker mit 3 EL Puderzucker mischen und mit etwas Zitronensaft vermengen. Die Madeleines damit bepinseln und trocknen lassen.

GLUTEN FREI Statt 150 g Weizenmehl 135 g helle glutenfreie Mehlmischung (z. B. Kuchenmix von Schär) nutzen und mit 1 EL Flohsamenschalenpulver ergänzen.

VEGAN Pro Ei als Ersatz je 1 gestrichenen EL Apfelmus verwenden.

GLUTEN FREI VEGAN

# Fliedersaft

Eigentlich ist Flieder eine typische Parkpflanze, aber auch an Waldrändern in Stadtnähe findet man ab Mai seine üppigen Blüten. Man kann super damit backen, aber eine weitere Möglichkeit ist Fliedersaft. Als Eiswürfel eingefroren, inklusive einer Blüte, ergibt er einen süßen Blickfang in einem Glas Sekt.

**Ergibt:** ½ Liter Fliedersaft
45 Minuten Zubereitungszeit
3 Tage Ziehzeit

## ZUTATEN

- 10 Trauben Fliederblüten, teils aufgeblüht
- 400 g weißer Rohrzucker
- 150 ml Limettensaft

Die Blüten so frisch wie möglich verarbeiten. Dazu diese von den Stielen pflücken und 10 Minuten auf einem Tuch ausgebreitet liegen lassen. Grün sollte nicht daran verbleiben. Anschließend die Blüten in eine Schüssel legen.

400 ml Wasser mit dem Zucker aufkochen und nach einer Weile den Limettensaft zufügen. Die Flüssigkeit noch heiß über die Blüten gießen und 3 Tage abgedeckt ziehen lassen.

Den Saft nun durch ein feines Sieb geben und in heiß ausgespülte Flaschen füllen.

**Tipp:** Im Kühlschrank aufbewahrt, ist der Saft bis zu 5 Tage haltbar. Falls er länger haltbar gemacht werden soll: Auf ½ Liter Saft 1 TL Zitronensäure zugeben, nochmals aufkochen, in Flaschen füllen und diese für 20 Minuten im heißen Wasserbad sterilisieren. Man kann den Fliedersaft auch gut zu Gelee weiterverarbeiten. Dafür Gelierzucker 2:1 mit dem Fliedersaft gemäß Packungsanweisung verarbeiten.

VEGAN

# Holunderblüten-Cupcakes

**Ergibt:** 4 Cupcakes
1 Stunde Zubereitungszeit
23 Minuten Backzeit
24 Stunden Ziehzeit

Für die Cupcakes eignen sich grundsätzlich alle Arten von Blütensirups. Die großen Blütendolden des Holunders blühen ab Mai an Waldlichtungen und Waldrändern und locken Bienen und Menschen an. Für die Cupcakes werden fünf Dolden Holunderblüten benötigt.

## FÜR DEN HOLUNDERBLÜTENSIRUP

- 4 Dolden Holunderblüten plus 1 mehr zum Dekorieren
- 150 g weißer Rohrzucker

## FÜR DEN TEIG

- 160 g pflanzliche Butter, weich
- 50 g weißer Rohrzucker
- 1 EL Apfelmark
- 125 g Weizenmehl (Type 550)
- 1 EL Backpulver
- 1 Prise Meersalz
- 50 g gemahlene Mandelkerne
- 100 ml Mandelmilch

## FÜR DIE CREME

- 115 g pflanzliche Frischkäsecreme
- 60 g Puderzucker, gesiebt
- 2 EL Blaubeerfruchtpulver (optional)
- 100 g weiße Schokolade

Für den Sirup eine Lösung aus dem Zucker und 125 ml Wasser herstellen und auf dem Herd kurz aufkochen. Die Holunderblüten grob ausschütteln und mit der Zuckerlösung aufkochen. Vom Herd nehmen und für 24 Stunden ziehen lassen. Durch einen Filter im Trichter heiß in eine saubere Flasche füllen.

Den Backofen auf 180 °C (Ober-/Unterhitze) vorheizen. 100 g von der pflanzlichen Butter mit dem Rohrzucker und 30 ml von dem Holunderblütensirup schaumig rühren. Das Apfelmark hinzufügen und weiter schaumig aufrühren. Das Mehl mit dem Backpulver, dem Salz und den gemahlenen Mandelkernen verrühren. Zusammen mit der Mandelmilch zur Buttermischung geben und verrühren. 4 Muffinförmchen mit Papierförmchen auskleiden. Den Teig einfüllen und die Oberseite glätten. Im vorgeheizten Ofen für 23 Minuten backen. Herausnehmen und abkühlen lassen.

Für das Topping die vegane Frischkäsecreme mit dem Puderzucker und auf Wunsch dem Blaubeerfruchtpulver verrühren. Die restliche Pflanzenbutter einrühren. Die weiße Schokolade über dem Wasserbad schmelzen und flüssig in die Buttermasse geben. Die Mischung in einen Spritzbeutel mit Sterntülle füllen und für 1 Stunde ziehen lassen. Je einen Tuff auf die Muffins geben. Von der letzten Dolde einige Holunderblüten abzupfen und darüberstreuen.

GLUTEN FREI

Statt 125 g Weizenmehl 115 g helle glutenfreie Mehlmischung (z. B. Kuchenmix von Schär) nutzen und 1 EL Flohsamenschalenpulver dazugeben.

GLUTEN FREI VEGAN

# Holunderblüten-Pannacotta mit Rhabarber

Eine wunderbare Möglichkeit, Blüten aus dem Wald zu genießen, ist, sie in Sahne ziehen zu lassen und diese dann zu verarbeiten. Das ergibt geschmacklich noch einmal eine andere Nuance als mit Blütenzucker. Mit aromatisierter Sahne lassen sich feine Desserts herstellen, wie diese vegane Pannacotta.

**Ergibt:** 4–6 Portionen
45 Minuten Zubereitungszeit
15 Minuten Kochzeit
2 Stunden Ziehzeit plus Kühlzeit über Nacht

## FÜR DIE PANNACOTTA

- 8 Dolden Holunderblüten
- 200 ml pflanzliche Schlagsahne
- 250 ml Kokosmilch
- 40 g weißer Rohrzucker, plus 4 EL für das Topping
- 2 TL Agar-Agar

## FÜR DAS RHABARBER-TOPPING

- 4–5 Stiele Rhabarber

Die Dolden des Holunders grob ausschütteln und auf ein Küchentuch legen, um eventuelle Bewohner davonkrabbeln zu lassen. Dann die Blüten in die Sahne geben und alles kurz aufkochen. 2 Stunden ziehen lassen und die Dolden anschließend herausnehmen.

Die Sahne mit der Kokosmilch und dem Zucker verrühren und einmal aufkochen. Topf vom Herd nehmen und kurz abkühlen lassen. Den Agar-Agar einrühren und die Masse auf Schälchen oder Gläser verteilen, auf Raumtemperatur abkühlen lassen und dann über Nacht im Kühlschrank stehen lassen.

Am nächsten Tag den Rhabarber putzen und in kleine Stücke schneiden. Zusammen mit dem Zucker und 4 EL Wasser weich kochen und auf die Pannacotta geben.

# Ausgebackene Robinienblüten

Ausgebackene Holunderblüten kennen viele noch von ihren Großmüttern, aber diese Zubereitungsart funktioniert genauso gut mit den honigsüßen Robinienblüten. Man findet sie von Mitte Mai bis Ende Juni in voller Blüte an Waldrändern und in Parks.

**Ergibt:** 3 Portionen
15 Minuten Zubereitungszeit
je 2 Minuten Backzeit

## FÜR DEN TEIG

- 1 Liter Sonnenblumenöl zum Frittieren
- 1 Ei (Größe M)
- 40 g weißer Rohrzucker, plus etwas mehr zum Bestreuen
- 1 Prise Salz
- 100 g Weizenvollkornmehl
- 1 TL Backpulver
- 125 ml Mandelmilch

## AUSSERDEM

- 10 Dolden Robinienblüten
- Zimtpulver (optional), zum Bestreuen

Das Öl in einen höheren Topf geben und auf kleiner Stufe erhitzen. Es hat die richtige Temperatur, wenn an einem langen Holzstäbchen kleine Bläschen hochsteigen. Dann die Wärmezufuhr aufs Minimum reduzieren.

Das Ei mit dem weißen Rohrzucker und dem Salz mit einem Schneebesen verquirlen. Das Mehl mit dem Backpulver vermengen und zusammen mit der Mandelmilch zur Mischung geben. Die Robinienblüten kurz ausschütteln, mit einer Grillzange am Stiel fassen und in den Teig tauchen. Für 1–2 Minuten im heißen Öl backen, bis der Teig goldbraun ist. Herausnehmen und auf einem Kuchengitter abtropfen lassen. Zum Servieren die Stiele oberhalb vom Teig direkt an den Blüten abschneiden und diese nach Belieben mit Zimt und Zucker bestreuen.

GLUTEN FREI: Statt Weizenmehl kann 90 g helle glutenfreie Mehlmischung (z. B. Kuchenmix von Schär) genutzt werden. Falls die Mischung nicht cremig genug ist, etwas Mandelmilch dazugeben.

VEGAN: Statt 1 Ei die entsprechende Menge Ei-Ersatzpulver nehmen und laut Packungsanleitung anrühren.

VEGAN

# Robinienblüten-Vanille-Cremetarte

**Ergibt:** 1 Tarte (24 cm ø) oder 8 Tartelettes
45 Minuten Zubereitungszeit
15 Minuten Backzeit
30 Minuten Kühlzeit plus Ziehzeit über Nacht

## ZUTATEN

- 10 Robinienblütendolden, plus etwas mehr zum Dekorieren
- 200 ml pflanzliche Schlagsahne

## FÜR DEN TEIG

- 150 g Weizenvollkornmehl, plus etwas mehr zum Bestreuen
- 50 g gemahlene Mandelkerne
- 60 g Puderzucker
- 1 EL Abrieb von 1 unbehandelten Zitrone
- 140 g pflanzliche Butter, plus 75 g für die Füllung und etwas mehr zum Bestreichen
- 1 Portion Ei-Ersatzpulver für 1 Ei
- 1 Prise Salz

## FÜR DIE FÜLLUNG

- 200 ml Sojamilch
- 40 g weißer Rohrzucker
- 1 Pck. Vanillepuddingpulver

Ähnlich wie bei der Holunderblüten-Pannacotta kann man Robinienblüten in Sahne ziehen lassen und damit cremige Tortenfüllungen herstellen. Ich habe mich für eine Vanilletarte entschieden und als Kontrast einen herberen Boden gewählt. Je nach Geschmack können bis zu zehn Robinienblütendolden genutzt werden.

Am Vortag die Robinienblütendolden etwas abschütteln und samt Stiel in der Pflanzensahne aufkochen. Vom Herd nehmen und über Nacht ziehen lassen. Am nächsten Tag durch ein Sieb abseihen, die Blüten entsorgen.

Den Backofen auf 180 °C (Ober-/Unterhitze) vorheizen. Aus den Zutaten für den Boden einen Mürbeteig herstellen und 30 Minuten kalt stellen. Die Tarteform mit pflanzlicher Butter ausstreichen, mit Mehl ausstreuen und den Teig am Boden und am Rand dünn andrücken. Mit der Gabel kleine Luftlöcher hineinstechen. 15 Minuten backen, aus dem Ofen nehmen und auskühlen lassen.

Die vorbereitete Blütensahne mit der Sojamilch vermischen und zusammen mit dem Zucker und dem Vanillepuddingpulver einen Pudding gemäß Anleitung kochen. Die restlichen 75 g pflanzliche Butter in kleinen Stücken unterheben, bis eine homogene Masse entstanden ist. Die Füllung in die vorgebackene Tarte geben, glatt streichen und auskühlen lassen. Vor dem Servieren nach Belieben mit frischen Robinienblüten verzieren. Keine Blätter verwenden!

GLUTEN FREI

Statt Weizenvollkornmehl Buchweizenvollkornmehl nutzen, dabei 2 TL Flohsamenschalenpulver zugeben.

# Waldmeister-Biskuitrolle

Waldmeister und Erdbeeren sind ein echtes Dreamteam. Verarbeitet zu einer frischen Quarkfüllung in fluffigem Teig, ergibt sich das perfekte Backwerk für Sonntagnachmittage im Mai. Damit es richtig hübsch wird, habe ich den Teig grün eingefärbt, hier mit Spinatpulver. Keine Sorge, das schmeckt man nach dem Backen nicht mehr.

**Ergibt:** 8–10 Scheiben
2 Stunden Zubereitungszeit
15 Minuten Backzeit
12 Stunden Kühlzeit

## ZUTATEN

- 5–6 Stängel Waldmeisterkraut, angetrocknet
- 200 g Schlagsahne

## FÜR DEN TEIG

- 5 Eier (Größe M)
- 100 g Puderzucker, gesiebt
- 80 g Weizenmehl (Type 405)
- 25 g Speisestärke
- 3 EL Spinatpulver, gefriergetrocknet (optional)
- 10 g Backpulver
- 1 Prise Salz

## FÜR DIE FÜLLUNG

- 250 g Magerquark
- 100 g weißer Rohrzucker
- 1 TL Xanthan
- 200 g Erdbeeren, in längliche Sechstel geschnitten

## ZUM DEKORIEREN

- Puderzucker zum Bestauben
- einige essbare Blüten, Waldmeisterblätter und -blüten, Minze

Den Waldmeister in die Schlagsahne geben und für 1 Stunde ziehen lassen. Die Stängel herausnehmen, die Sahne beiseitestellen.

Für den Teig ein Backblech mit Backpapier auslegen, die Ränder scharf umknicken, sodass das Papier ganz flach liegt. Den Backofen auf 180 °C (Ober-/Unterhitze) vorheizen. Die Eier trennen. Das Eiweiß mit 50 g des Puderzuckers steif schlagen. Das Eigelb mit den anderen 50 g Puderzucker mit einem Schneebesen schaumig rühren.

Nun das Mehl mit der Speisestärke, dem Spinatpulver, dem Backpulver und dem Salz mischen und zusammen mit dem Eischnee unter die Eigelbmischung heben. Vorsichtig zu einer glatten Masse verrühren und diese gleichmäßig auf dem Backblech verstreichen. Im vorgeheizten Ofen für 13–15 Minuten backen.

Den Teig samt Papier vom Backblech ziehen und ein Küchentuch darüberlegen. Stürzen und das Backpapier vorsichtig abziehen. Ein weiteres Küchentuch darüberlegen und den Teig wieder umdrehen, sodass die Unterseite wieder unten liegt. Mitsamt dem unten liegenden Küchentuch einrollen und abkühlen lassen.

Für die Creme den Magerquark und den Zucker verrühren. Die vorbereitete Waldmeistersahne mit dem Xanthan aufschlagen und unter den Quark rühren. Den Teig wieder entrollen und die Creme aufstreichen und verteilen. Dabei den seitlichen und vorderen Rand frei lassen. Die Erdbeeren darauf verteilen, dabei immer in Reihen auflegen. Den Teig samt Creme aufrollen, in Frischhaltefolie wickeln und über Nacht im Kühlschrank lagern. Anschließend die unschönen Ränder begradigen, mit reichlich Puderzucker bestauben und nach Belieben mit Blättern und Blüten dekorieren.

VEGAN Ein Rezept für veganes Biskuit findet ihr im hinteren Rezeptteil unter »Vegane Grundrezepte«. Nur noch das Spinatpulver hinzugeben. Für die Füllung den Waldmeister in 250 ml Pflanzenmilch ziehen lassen und einen veganen Pudding aus der Pflanzenmilch, 50 g weißem Rohrzucker und 1 Päckchen Vanillepuddingpulver kochen. 150 g pflanzliche Butter untermengen und vor dem Füllen 2 Stunden abkühlen lassen.

GLUTEN FREI Statt Weizenmehl und Speisestärke 120 g glutenfreie Mehlmischung (z. B. Kuchenmix von Schär) verwenden.

VEGAN

# Waldmeister-Mousse-Cups

**Ergibt:** 6 Stück
45 Minuten Zubereitungszeit
12 Minuten Backzeit
1 Stunde Kühlzeit

## ZUTATEN

- 10 Stiele Waldmeisterkraut
- 150 ml pflanzliche Schlagsahne

## FÜR DEN TEIG

- 170 g Weizenmehl (Type 405), plus etwas mehr zum Ausstreuen der Förmchen
- 30 g gemahlene Mandeln
- 40 g Puderzucker
- 1 TL Abrieb von 1 unbehandelten Zitrone
- 75 g pflanzliche Butter, sehr kalt und gewürfelt, plus etwas mehr zum Fetten
- 1 EL Apfelmus
- ½ TL Fleur de Sel

## FÜR DIE FÜLLUNG

- 50 g Zartbitterschokolade
- 90 g weiße Schokolade

## ZUM DEKORIEREN

- essbare blaue Blüten der Saison (z. B. Vergissmeinnicht, Borretsch)

Mit dunkler Schokolade harmoniert Waldmeister besonders gut. Ich habe daraus eine feine Mousse hergestellt, die die Aromen noch einmal deutlich besser hervorbringt. Für sechs dieser Mousse-Cups werden zehn Stiele Waldmeisterkraut benötigt.

Die Waldmeisterstiele abspülen, trockenschütteln und für mindestens 30 Minuten in den Tiefkühler geben. Das Aroma entfaltet sich erst nach dem Anwelken der Zweige. Das funktioniert auch, wenn man sie einen Tag an der Luft antrocknen lässt. Die angewelkten Zweige in die Pflanzensahne geben, in einem kleinen Topf kurz aufkochen und 2 Stunden ziehen lassen. Die Stiele herausnehmen und die Sahne beiseitestellen.

Aus dem Mehl, den gemahlenen Mandeln, dem Puderzucker, dem Zitronenabrieb, der Pflanzenbutter, dem Apfelmus und dem Salz mit den Fingern rasch einen Mürbeteig kneten und diesen für 1 Stunde kalt stellen. Den Backofen auf 180 °C (Ober-/Unterhitze) vorheizen. 6 Muffinförmchen (Silikonformen eignen sich besonders gut!) mit veganer Butter ausstreichen und mit Mehl ausstreuen. Den Mürbeteig in die Förmchen geben und am Boden sowie am Rand fest andrücken. Mehrmals mit der Gabel einstechen und für 12 Minuten backen. Die Mürbeteigschalen aus der Form nehmen und abkühlen lassen.

Die Zartbitterschokolade über dem Wasserbad schmelzen. Die Innenseiten der Teigschalen mit der flüssigen Schokolade auspinseln und abkühlen lassen.

Für die Mousse die weiße Schokolade über dem Wasserbad schmelzen, mit der Hälfte der Waldmeistersahne verrühren und 20 Minuten abkühlen lassen. Die andere Hälfte der Schlagcreme mit den Schneebesen der Küchenmaschine luftig aufschlagen, bis eine steife Sahne entsteht. Diese mit einem Teigschaber unter die Schokoladensahne heben. In einen Spritzbeutel geben, die Spitze abschneiden oder eine größere Lochtülle verwenden und kleine Tuffs in die Teigschalen setzen. Nach Belieben mit Blüten dekorieren.

GLUTEN FREI

Statt Weizenmehl 150 g helle glutenfreie Mehlmischung (z. B. Kuchenmix von Schär) nutzen und 1 TL Flohsamenschalenpulver zugeben.

GLUTEN FREI VEGAN

# Gierschlimonade

**Ergibt:** 1 Liter
10 Minuten Zubereitungszeit
1 Stunde Ziehzeit

Giersch wächst so gut wie überall, somit kann man ihn gut bei einem Waldspaziergang pflücken und für eine frisch-krautige Limonade verwenden. Dieses Erfrischungsgetränk lässt sich auch mit anderen Kräutern herstellen.

## ZUTATEN

- 3–4 Stängel Giersch, plus einige Blüten zum Dekorieren
- ½ Liter Rhabarbersaft
- ½ Liter Sprudelwasser
- Saft von 1 unbehandelten Zitrone

Die Gierschstiele abspülen und etwas trocknen lassen. Den Rhabarbersaft in eine Flasche mit weitem Hals oder eine Karaffe füllen. Den Giersch kopfüber hineinhängen und für 1 Stunde ziehen lassen.

Die Stiele herausziehen und den aromatisierten Saft mit Sprudelwasser auffüllen, dann den Zitronensaft hinzugeben. Nach Wunsch mit Blüten dekorieren.

# Scones mit Waldkräutern

Kräuter in Kombination mit buttrigen, zart gesüßten Scones sind ein wundervoller Wachmacher an einem Sonntagmorgen im Frühling. Ein leichter Kaffee dazu, etwas Butter, mehr braucht es nicht. Man kann alle Sorten essbare Kräuter dafür nutzen, die man findet.

**Ergibt:** 6 mittelgroße Scones
30 Minuten Zubereitungszeit
15 Minuten Backzeit
15 Minuten Kühlzeit

## FÜR DEN TEIG

- 1 TL gehackte Kräuter (z. B. Giersch, Fichtennadeln, Vogelmiere, Brennnessel), plus einige Blätter und Blüten zum Dekorieren
- 230 g Weizenmehl (Type 405)
- 2 EL Backpulver
- 2 EL weißer Rohrzucker
- 1 TL Abrieb von 1 unbehandelten Zitrone
- ½ TL Salz
- 100 g Butter, sehr kalt und in Stücken
- 100 ml Buttermilch, plus etwas mehr zum Bestreichen

Die Kräuter abschütteln und auf ein Stück Frischhaltefolie legen, flach drücken und mit einer weiteren Lage Frischhaltefolie abdecken. Etwa 30 Minuten mit einem Gewicht beschweren, sodass sie etwas flach gedrückt werden, anschließend einen Teil davon hacken, den Rest für die Deko aufbewahren. Währenddessen den Backofen auf 180 °C (Unterhitze) vorheizen.

Das Mehl, das Backpulver, den Zucker, die Kräuter, den Zitronenabrieb und das Salz in einer Schüssel mischen. Die Butter beigeben, von Hand alles zu einer gleichmäßig krümeligen Masse verreiben. Die Buttermilch in den Krümelteig gießen, rasch zu einem etwas feuchten Teig zusammenfalten, sodass auch noch Butterstücke sichtbar bleiben. Nur so lange immer wieder übereinanderfalten und mit der Hand flach drücken, bis ein Teigklumpen entsteht. Nicht kneten! Sonst bildet sich Gluten, das den Teig zäh macht. Er soll fluffig werden. Den Teig mit der Hand leicht auseinanderdrücken und mit der Teigrolle etwas flach rollen. Die Dicke sollte etwa 3 cm betragen.

Nun mit einem runden Teigausstecher Kreise ausstechen und auf ein mit Backpapier belegtes Blech geben. Die Scones mit etwas Buttermilch bestreichen und mit einigen Kräuterblättchen und Blüten dekorieren. Für 15 Minuten auf mittlerer Schiene backen. Die fertigen Scones herausnehmen und abkühlen lassen. Sie können gern noch leicht lauwarm serviert werden.

GLUTEN FREI: Statt Weizenmehl 170 g glutenfreies Mehl mit 50 g Reismehl mischen und 1 EL Flohsamenschalenpulver beifügen. Den Teig dann 20 Minuten ruhen lassen.

VEGAN: Pflanzliche Butter einsetzen und Buttermilch mit Mandelmilch ersetzen. In die Mandelmilch vor Verwendung 1 TL Zitronensaft geben und 5 Minuten stocken lassen.

# Fichtennadelsirup-Cookies

Diese an Kaffeekränze erinnernden Kekse sind lecker herb und süß mit dem Hagelzucker, zugleich etwas kross durch den Sirupanteil. Ich mag diese Konsistenz und wollte euch das Rezept nicht vorenthalten. Im Winter kann man Fichtennadelsirup und -zucker bereits vorbereitet aus dem Vorratsschrank verwenden.

**Ergibt:** 2 Bleche
30 Minuten Zubereitungszeit
je 10 Minuten Backzeit
1 Stunde Kühlzeit plus 3 Wochen Ziehzeit

### FÜR DEN FICHTENNADELSIRUP

- 20 g Fichtennadeln, frisch gepflückt, plus 1 EL für den Fichtenzucker
- 20 g brauner Rohrzucker

### FÜR DEN FICHTENZUCKER

- 4 EL weißer Rohrzucker

### FÜR DEN TEIG

- 220 g Weizenmehl (Type 405), plus etwas mehr zum Bestauben
- 30 g Reismehl
- 25 g gemahlene Mandelkerne
- 70 g Puderzucker
- 1 EL Abrieb von 1 unbehandelten Zitrone
- 1 TL Fleur de Sel
- 110 g pflanzliche Butter, kalt und gewürfelt
- 1 Eigelb

### ZUM DEKORIEREN

- 2 EL Hagelzucker
- 1 EL Fichtenzucker

Zunächst wird der Fichtennadelsirup hergestellt. Das nimmt 3 Wochen in Anspruch bzw. sollte er im Vorfeld zubereitet werden. Dafür die Fichtennadeln mit dem Zucker abwechselnd Schicht für Schicht in eine weithalsige Flasche oder ein hohes Schraubglas geben. Mit Wasser aufgießen, bis alles bedeckt ist. Für 3 Wochen an einem hellen Ort ziehen lassen. Dabei täglich schwenken. Anschließend den entstandenen Sirup durch ein feines Sieb geben, kurz aufkochen und in eine saubere Flasche füllen.

Für den Fichtenzucker die frisch gepflückten Fichtennadeln (grob abgeschüttelt, nicht gespült) mit dem weißen Rohrzucker in einem Blitzhacker zerkleinern. Nachdem eine homogene Masse entstanden ist, diese auf einem mit Backpapier ausgelegten Blech verteilen und an der Luft einen Tag lang trocknen lassen. Wenn der Zucker getrocknet ist, nochmals im Blitzhacker zerkleinern (aber nicht pulverisieren).

Für den Teig die trockenen Zutaten in einer großen Schüssel vermischen. 30 ml von dem Fichtennadelsirup und die kalte Butter zusammen mit dem Eigelb mit den Knethaken des Rührgerätes in die Mehlmischung kneten. Den Teig zu einer Kugel formen, in Folie wickeln und für 1 Stunde im Kühlschrank ruhen lassen. Den Backofen auf 180 °C (Ober-/Unterhitze) vorheizen.

Den Teig auf einer bemehlten Arbeitsfläche ausrollen und mit dem Hagelzucker sowie dem Fichtenzucker bestreuen. Jeweils Kreise und einen kleineren inneren Ring ausstechen, auf das mit Backpapier ausgelegte Blech legen und für 10 Minuten backen. Herausnehmen und vor dem Servieren abkühlen lassen.

GLUTEN FREI Anstelle von Weizenmehl 210 g helle Kuchenmehlmischung (z. B. von Schär) nutzen und 1 TL Flohsamenschalenpulver zugeben.

VEGAN Das Eigelb mit 1 TL Apfelmark ersetzen.

GLUTEN FREI VEGAN

# Fichtennadelkaramell

**Ergibt:** 400 g Karamell
(1 großes oder 2 kleine Gläser)
30 Minuten Zubereitungszeit
3 Wochen Ziehzeit

Mit einer feinen Fichtennote punktet dieses vegane Karamell auf dem Frühstückstisch. Ich mag die Kombination von süß und salzig, schokoladig und herb-frisch. Man benötigt etwa zwei Handvoll Fichtennadeln. Die Zubereitung des Sirups dauert insgesamt 3 Wochen.

## FÜR DEN FICHTENNADELSIRUP

- 100 g Fichtennadeln, frisch gepflückt
- 100 g brauner Rohrzucker

## AUSSERDEM

- 200 g weißer Rohrzucker
- 110 g pflanzliche Butter, in Stücke geschnitten
- 1 Prise Vanillesalz (alternativ Fleur de Sel)
- 50 g Zartbitterschokolade, gehackt
- einige Scheiben Minizwieback oder Baguette zum Servieren

Die Fichtennadeln mit dem braunen Rohrzucker abwechselnd Schicht für Schicht in eine weithalsige Flasche oder ein hohes Schraubglas geben. Mit Wasser aufgießen, bis alles bedeckt ist. Für 3 Wochen an einem hellen Ort ziehen lassen. Dabei täglich schwenken. Anschließend den entstandenen Sirup durch ein feines Sieb geben und kurz aufkochen.

In einem schweren Topf den weißen Rohrzucker schmelzen, dabei mit einem Holzkochlöffel ab und zu rühren oder den Topf schwenken. Wenn der Zucker geschmolzen ist, den vorbereiteten Fichtennadelsirup (etwa 150 ml) aufgießen, weiter rühren. Nun die pflanzliche Butter unterrühren, bis alles homogen ist. Das Karamell auf geringer Stufe für 15 Minuten köcheln, dabei ab und zu mit dem Kochlöffel umrühren. Das Salz zugeben, verrühren. Mithilfe der Löffelprobe testen, ob die Konsistenz stimmt. Dazu einen Klecks Karamell auf einen Teller geben, kurz abkühlen lassen. Wenn es nicht mehr sofort zerfließt, ist es gut. Nun die Zartbitterschokolade unterrühren, sodass diese schmilzt, aber das Karamell nicht mehr kochen. In ein großes oder zwei kleine Schraubgläser füllen. Zum Servieren Minizwieback oder Baguettescheiben dazu reichen.

FICHTENNADEL
KARAMELL

VEGAN

# Waldsauerklee-Zitronentarte

**Ergibt:** 1 große Tarte (28 cm ø)
45 Minuten Zubereitungszeit
12 Minuten Backzeit
4 Stunden Kühlzeit

Waldsauerkleeknospen und -blätter sind wie der Name schon sagt leicht säuerlich und passen daher toll zur frischfruchtigen Zitrone. Um die Schönheit der kleinen Blätter des Sauerklees hervorzuheben, habe ich eine flache Tarte gewählt.

## FÜR DEN TEIG

- 225 g Weizenmehl (Type 405)
- 50 g gemahlene Mandelkerne
- 2 EL Spinatpulver (optional)
- 65 g Puderzucker
- 125 g pflanzliche Butter
- 1 EL Apfelmus
- 1 TL Vanillesalz (oder Meersalz)

## FÜR DIE FÜLLUNG

- 200 g pflanzlicher Joghurt auf Skyr-Art
- 70 ml Sojasahne
- 30 ml Zitronensaft
- 50 g weißer Rohrzucker
- 1 EL Abrieb von 1 unbehandelten Zitrone
- 1 EL Knospen oder klein gehackte Blätter von Waldsauerklee, plus einige Blätter und Blüten zum Dekorieren
- 1 Prise Salz
- 6 g Agar-Agar

Den Backofen auf 170 °C (Ober-/Unterhitze) vorheizen. Aus den Zutaten für den Boden mit den Knethaken des Rührgerätes oder mit den Händen einen Teig herstellen und diesen kurz ruhen lassen. Eine Tarteform (28 cm ø) fetten und den Teig am Boden und am Rand dünn andrücken. Mit der Gabel kleine Luftlöcher in den Boden stechen. 12 Minuten vorbacken, aus dem Ofen nehmen und auskühlen lassen.

Den Pflanzenjoghurt, die Sojasahne und den Zitronensaft mit einem Schneebesen vorsichtig verrühren. Den weißen Rohrzucker einrühren, gefolgt von dem Zitronenabrieb, den Knospen oder dem Kraut des Waldsauerklees und dem Salz. Nun mit dem Agar-Agar und 100 ml Wasser nach Packungsanleitung ein pflanzliches Gelee anfertigen und kurz abkühlen lassen, dann unter die Joghurtmasse rühren. Auf dem vorgebackenen Boden verteilen, glatt streichen und im Kühlschrank 3 Stunden fest werden lassen. Zum Schluss mit Waldsauerkleeblättern und nach Belieben mit anderen essbaren Kräutern und Blüten dekorieren.

GLUTEN FREI

Statt Weizenmehl 175 g helle glutenfreie Mehlmischung (z. B. Kuchenmix von Schär) und 40 g Buchweizenmehl nutzen sowie 1 EL Flohsamenschalenpulver zugeben.

VEGAN

# Waldwiesenblüten-Cookies

**Ergibt:** 12 größere Cookies
30 Minuten Zubereitungszeit
je 10 Minuten Backzeit
1 ½ Stunden Kühlzeit

Wenn der Frühling sich ankündigt, gibt es die ersten hübschen Blüten im Wald, die diese cremig gefüllten Cookies schmücken. Hierfür sind alle essbaren Blüten geeignet, man benötigt nicht mehr als zehn Stiele. Für ein schöneres Farbergebnis backe ich diese Kekse nur mit Unterhitze.

## ZUTATEN

— ca. 10 Stängel Waldblumen (z. B. Waldveilchen, Vergissmeinnicht, Gänseblümchen oder Hornveilchen)

## FÜR DEN TEIG

— 150 g Weizenmehl (Type 405), plus etwas mehr zum Bearbeiten
— 50 g gemahlene Mandelkerne
— 110 g Puderzucker, gesiebt
— 1 EL Abrieb von 1 unbehandelten Limette
— 140 g pflanzliche Butter, kalt und gewürfelt, plus 75 g für die Füllung, weich
— 1 ½ TL Apfelmus
— 1 Prise Salz
— Spinatpulver oder Heidelbeerfruchtpulver (optional, zum Einfärben)

## FÜR DIE FÜLLUNG

— 75 g vegane Frischkäsecreme
— 75 g weiße Kuvertüre

Die Waldblüten etwas ausschütteln und auf ein Stück Frischhaltefolie legen, ein weiteres Stück darüberlegen und mit einem Gewicht beschweren, sodass sie flach gedrückt werden. Dabei aufpassen, dass sie nicht knicken. Etwa 30 Minuten stehen lassen.

Aus dem Mehl, den Mandelkernen, 60 g von dem Puderzucker, dem Limettenabrieb, 140 g der kalten Butter, dem Apfelmus und dem Salz sowie auf Wunsch dem Spinat- oder Fruchtpulver mit den Knethaken des Rührgerätes oder den Fingern rasch einen Mürbeteig kneten und für 1 Stunde kalt stellen. Den Backofen auf 180 °C (Unterhitze) vorheizen. Den Teig auf einer bemehlten Arbeitsfläche etwa 3 mm dick ausrollen, mit runden oder eckigen Ausstechern Kekse formen und diese auf ein mit Backpapier ausgelegtes Blech legen. Alternativ kann man mit dem Pizzarad Vierecke zurechtschneiden. Bei der Hälfte der Kekse in der Mitte ein kleines Loch ausstechen, z. B. mit der offenen Seite der Lochtülle. Für 10 Minuten backen, auskühlen lassen.

Für das Topping die Frischkäsecreme und die restlichen 50 g Puderzucker mit einem Schneebesen verrühren. Die 75 g pflanzliche Butter einrühren. Die weiße Schokolade über dem Wasserbad schmelzen und in die Masse geben. In einen Spritzbeutel füllen und 30 Minuten im Kühlschrank ruhen lassen. Nun je zwei Kekse zusammensetzen. Dazu auf den Keks ohne Loch etwas Creme aufspritzen und den mit Loch vorsichtig aufsetzen, sodass die Masse leicht durch die Öffnung gedrückt wird. Mit den Blüten verziert servieren.

GLUTEN FREI

Anstelle von Weizenmehl 125 g glutenfreie Mehlmischung (z. B. Kuchenmix von Schär) nutzen und 1 gestrichenen TL Xanthan zufügen.

GLUTEN FREI

# Greek-Yoghurt-Tarte mit Waldhonig

Diese leckere, knusprige Tarte ist super für den Sommer und kombiniert mit würzigem Honig einfach himmlisch – wie ein griechischer Joghurt frisch aus dem Kühlschrank. Oder wenn euch im Winter die Sommersehnsucht überkommt, dann ist die Tarte genau das Richtige.

**Ergibt:** 1 Tarte (25 cm ø)
45 Minuten Zubereitungszeit
12 plus 28 Minuten Backzeit
2 Stunden Kühlzeit

## FÜR DEN TEIG

- 120 g gemahlene Mandelkerne
- 60 g Kokosmehl (oder Kokosraspeln)
- 35 g Reismehl, plus etwas mehr für die Form
- 40 g Puderzucker
- 30 g Cornflakes, grob zerkleinert
- 120 g pflanzliche Butter, plus etwas mehr für die Form
- 1 Prise Salz

## FÜR DIE FÜLLUNG

- 3 Eier (Größe M)
- 30 g weißer Rohrzucker, plus 40 g für das Krokant
- 35 g Waldhonig, plus 2 EL für das Krokant sowie etwas mehr zum Verzieren
- 500 g griechischer Joghurt (10 % Fett)
- ½ TL Abrieb von 1 unbehandelten Zitrone

## ZUM DEKORIEREN

- 60 g gehobelte Mandelkerne
- einige Deko-Bienenwaben (siehe Seite 50)

Für den Teig die Zutaten rasch mit den Knethaken der Küchenmaschine verkneten und für 30 Minuten kalt stellen. Eine Tarteform (25 cm ø) mit Butter fetten und mit Reismehl bestauben, alternativ einen Tortenring auf ein Blech mit Backpapier setzen. Den Teig an Boden und Rand andrücken und mit der Gabel mehrmals einstechen. Den Ofen auf 180 °C (Ober-/Unterhitze) vorheizen. Für 12 Minuten backen, herausnehmen.

Für die Füllung die Eier mit dem Zucker und dem Honig mit einem Schneebesen glatt rühren. Den Joghurt zugeben und vorsichtig verrühren. Die Masse auf den Boden geben und im Ofen für 28 Minuten backen. Herausnehmen und auskühlen lassen.

Das Mandelkrokant wird in einem beschichteten Topf gemacht. Darin den Zucker schmelzen, gut aufpassen, dass er nicht anbrennt. Dann den Honig und die Mandeln zugeben, gut rühren. Anschließend die Mandelmasse auf ein mit Backpapier ausgelegtes Backblech geben, etwas ausbreiten und 2 Stunden trocknen lassen.

Zum Servieren etwas Honig auf die Kuchenstücke träufeln und in Stücke gebrochenes Mandelkrokant sowie die Bienenwaben darauf verteilen.

VEGAN Statt Honig Ahornsirup oder eine vegane Honigalternative (z. B. von Vegablum) verwenden. Für den Joghurt 400 g Sojajoghurt und 100 g Sojasahne mit dem Zucker vermischen, das Ei weglassen und stattdessen 20 g Vanillepuddingpulver einrühren und backen wie angegeben.

GLUTEN FREI

# Herbe Tannenhonig-Cupcakes

**Ergibt:** 6 Muffins
45 Minuten Zubereitungszeit
25 Minuten Backzeit
2 Stunden Kühlzeit

Tannenhonig oder auch Waldhonig harmonieren gut mit Nüssen und nussigem Mehl. Dazu Deko in Bienenwabenoptik, das macht optisch etwas her und ergibt bildhübsche Cupcakes mit herber Würze.

## FÜR DEN TEIG

- 75 g Buchweizenmehl
- 10 g Kartoffelstärke
- 2 TL Backpulver
- 75 g gemahlene Walnusskerne
- 50 ml neutrales Öl
- 2 EL Apfelmus
- 2 EL Tannenhonig, plus 2 EL für die Füllung sowie etwas mehr zum Servieren
- 30 g Muscovadozucker
- 1 Prise Salz
- 100 g Skyr (auf Wunsch in einer veganen Variante)

## ZUM DEKORIEREN

- etwas gelbe Lebensmittelfarbe
- 50 g weiße Kuvertüre, plus 75 g für die Füllung

## FÜR DIE FÜLLUNG

- 75 g Frischkäse
- 50 g Puderzucker, gesiebt
- 75 g pflanzliche Butter, weich

Den Backofen auf 180 °C (Ober-/Unterhitze) vorheizen. Ein Muffinblech (6 Mulden) mit Papierförmchen bestücken. Das Buchweizenmehl mit der Stärke, dem Backpulver und den Walnusskernen vermengen. In einer zweiten Schüssel das Öl, das Apfelmus, den Tannenhonig, den Muscovadozucker, das Salz und den Skyr verrühren. Den Teig mit einem Esslöffel in die Muffinförmchen füllen und für 25 Minuten im Ofen backen. Herausnehmen und abkühlen lassen.

In der Zwischenzeit die Deko vorbereiten. Dazu die weiße Kuvertüre über dem Wasserbad schmelzen. 2–3 Tropfen gelbe Lebensmittelfarbe hineingeben und gut umrühren, damit eine hellgelbe Masse entsteht, ggf. noch etwas zugeben. Nun die flüssige Kuvertüre auf ein Stück Luftpolsterfolie gießen und verstreichen. Etwa 2 Stunden abkühlen lassen und in kleine Dreiecke brechen.

Für das Topping den Frischkäse mit dem Puderzucker und dem restlichen 2 EL Tannenhonig mit einem Schneebesen verrühren. Die weiche Pflanzenbutter einrühren. Die restlichen 75 g weiße Schokolade über dem Wasserbad schmelzen und in die Buttermasse geben. Nun in einen Spritzbeutel mit Sterntülle füllen und für 15 Minuten ruhen lassen. Je einen Tuff auf die Muffins geben. Je ein Bruchstück der Bienenwabe darauf platzieren. Mit Honig beträufelt servieren.

VEGAN Den Tannenhonig mit Ahornsirup oder einer veganen Honigalternative ersetzen und statt Frischkäse Frischkäsecreme auf Mandelbasis nutzen.

GLUTEN FREI

# Löwenzahnzuckerkuchen

**Ergibt:** 12 Stücke
25 Minuten Zubereitungszeit
40 plus 2 Minuten Backzeit
10 Minuten Abkühlzeit

Wer Zuckerkrusten mag, wird diesen Kuchen lieben. Ich finde den Kontrast zu dem etwas herben Löwenzahnhonig und dem Buchweizenmehl echt gut und kann euch diesen saftigen Kuchen wärmstens empfehlen.

### FÜR DEN BLÜTENZUCKER

— 50 g weißer Rohrzucker
— 10–12 Löwenzahnblüten, plus 12 Blüten für die Deko

### FÜR DEN TEIG

— 100 g Buchweizenmehl
— 2 TL Backpulver
— ½ TL Salz
— 100 g gemahlene Mandelkerne
— 150 g pflanzliche Butter
— 3 Eier (Größe M)
— 150 g weißer Rohrzucker
— 2 EL Löwenzahnhonig (gekauft oder selbst gemacht, siehe Grundrezepte S. 168)
— 30 ml Zitronensaft (entspricht Saft von ½ Zitrone)
— 50 ml Mandelmilch

### FÜR DAS TOPPING

— 100 g gesüßte Kondensmilch
— 50 g des Blütenzuckers

Die gelben Blütenblätter abzupfen und mit dem Zucker mörsern. Der Zucker nimmt eine gelbe Farbe an, ein paar Blütenblätter dürfen aber noch sichtbar bleiben. Den Backofen auf 175 °C (Ober-/Unterhitze) vorheizen.

Eine Springform oder Tarteform mit Backpapier auslegen. Das Buchweizenmehl mit dem Backpulver, dem Salz und den Mandeln mischen. Die Butter schmelzen. Die Eier mit dem weißen Rohrzucker und dem Löwenzahnhonig schaumig aufschlagen. Die zerlassene Butter, den Zitronensaft und die Mandelmilch untermischen, die Mehlmischung dazugeben. Den Teig in die vorbereitete Form geben und 40 Minuten backen. Herausnehmen. Den Kuchen nach 10 Minuten vorsichtig auf ein flaches Blech mit Backpapier stürzen und das Backpapier abziehen.

Den Backofen auf 200 °C (Umluft mit Grill) hochheizen. Die Kondensmilch mit dem Blütenzucker verrühren und auf den Kuchen streichen. Den Kuchen wieder auf ein Backblech mit Backpapier legen und für maximal 2 Minuten im Ofen auf oberer Schiene »grillen«, bis der Zucker karamellisiert (am besten beobachten, damit er nicht verbrennt). Herausnehmen und abkühlen lassen.

Zur Deko die Löwenzahnblüten auflegen, dafür den Stiel möglichst kurz abschneiden und bei Bedarf mit jungen Löwenzahnblättern ergänzen.

VEGAN Statt 3 Eiern 150 ml Kichererbsenwasser (Aquafaba) auf 80 ml einkochen oder die entsprechende Menge Ei-Ersatzpulver (nach Packungsanleitung zubereitet) nutzen, dabei die Zuckermenge um 20 g erhöhen. Für das Topping anstelle von Kondensmilch 20 ml Sojasahne mit 50 g Löwenzahnhonig unter Rühren erhitzen, den Löwenzahnzucker beifügen und wie im Rezept beschrieben 2 Minuten grillen.

GLUTEN FREI

# Waldfrühlingstörtchen

**Ergibt:** 1 Törtchen
(15 cm ø, ca. 10 Stücke)
1 ¼ Stunden Zubereitungszeit
2 x 20 Minuten Backzeit
2 Stunden Kühlzeit

## FÜR DEN TEIG

- 4 Eier (Größe M)
- 150 g Puderzucker, plus 200 g für die Füllung
- 4 EL Mandelmilch
- 150 g Buchweizenmehl, plus etwas mehr zum Bestauben der Form
- 1 TL Backpulver
- 2 EL Spinatpulver (für die Farbe, optional)
- 1–2 EL Sonnenblumenöl für die Form
- 1 Prise Salz

## FÜR DIE FÜLLUNG

- 600 g Doppelrahm-Frischkäse
- 2 EL Abrieb von 1 unbehandelten Zitrone
- 100 g weiße Schokolade
- 1 TL gemahlener Kurkuma (für die Farbe, optional)

## AUSSERDEM

- 4 EL Löwenzahnhonig (siehe Grundrezepte S.168)
- 200 g Pistazienmus
- 200 g Lemon-Curd
- junge Löwenzahnblätter, Giersch, Brennnesselblätter, Veilchenblüten, Gänseblümchen, Vogelmiere

Eine kleine feine Torte mit der Schönheit der Frühlingskräuter und Blüten in frischem Gelb. Ich habe die Kombination aus Zitrone, Löwenzahn und Pistazie gewählt. Das ergibt ein hübsches Festtagstörtchen und kann durchaus auch schon zu Ostern gebacken werden.

Den Backofen auf 180 °C (Ober-/Unterhitze) vorheizen. Die Eier trennen und das Eiweiß mit 75 g Puderzucker mit den Schneebesen des Rührgerätes sehr steif schlagen. Das Eigelb mit der Mandelmilch vermischen und ebenfalls mit 75 g Puderzucker und Salz schaumig rühren, z. B. mit dem Schneebesen. Das Buchweizenmehl mit dem Backpulver und dem Spinatpulver vermischen und zusammen mit dem Eiweiß mit der Eigelbmischung verrühren. Das geht am besten mit einem Teigschaber oder großen Löffel, bis die Masse homogen ist. Eine kleine Springform (15 cm ø) mit etwas Sonnenblumenöl ausstreichen und mit Buchweizenmehl ausstreuen. Die erste Hälfte des Teigs hineingeben und für 20 Minuten auf der mittleren Schiene backen. Kurz abkühlen lassen, aus der Form nehmen und die zweite Hälfte ebenfalls backen. Herausnehmen und beide Böden auskühlen lassen.

Für die Füllung den Frischkäse mit dem restlichen Puderzucker und dem Zitronenabrieb schaumig aufschlagen. Die weiße Schokolade über dem Wasserbad schmelzen und mit der Frischkäsemischung gut verrühren. 6 EL davon abnehmen und mit dem Kurkumapulver verrühren, beiseitestellen.

Jetzt wird das Törtchen zusammengesetzt. Dazu beide vorgebackenen Böden jeweils mit einem großen Messer einmal waagerecht durchschneiden und die jeweils obere Hälfte begradigen. Jeden Boden mit 1 EL Löwenzahnhonig beträufeln (ggf. erwärmen). Das Pistazienmus erwärmen, damit es flüssiger wird. Nun auf den unteren Boden 2 EL der weißen Frischkäsecreme, dann ¼ vom Lemon-Curd, anschließend ¼ des Pistazienmuses verstreichen. Darauf achten, dass der Lemon-Curd und das Pistazienmus nicht bis zum Rand gehen. Nochmals 1–2 EL Creme auftragen, glatt streichen. Den nächsten Boden aufsetzen und auf dieselbe Weise Creme, Lemon-Curd und Pistazienmus auftragen. So fort-

fahren, bis alle Böden gestapelt sind. Auf den obersten Boden 4 EL der mit Kurkuma eingefärbten Creme auftragen und glatt streichen. Den Rest der Creme auf den Rand geben und mit einer Teigpalette verstreichen, dabei die Torte drehen. Für 1 Stunde kühl stellen.

Für die Dekoration die Blüten und Blätter am Rand leicht andrücken.

VEGAN Ein Rezept für veganes Biskuit und für veganen Lemon-Curd findet ihr im hinteren Rezeptteil unter »Vegane Grundrezepte«. Statt Frischkäse vegane Frischcreme nutzen.

GLUTEN FREI VEGAN

# Woodland-Chiapudding

Wunderbar und gesund ist dieser Chiapudding, der mit verschiedensten Beeren und Blüten oder Kräutern aus dem Wald hergestellt werden kann. Ich habe mich für die Lila-Grün-Kombination entschieden und Brombeeren sowie blaue Blüten genutzt.

**Ergibt:** 2 Portionen
20 Minuten Zubereitungszeit
1 Stunde Ziehzeit

## FÜR DEN PUDDING

- 500 ml Mandelmilch (oder andere Pflanzenmilch)
- 60 g Chiasamen
- 5 EL Haferflocken (bei Bedarf glutenfrei)
- 1 TL Ahornsirup, plus 2 EL zum Süßen der Beeren
- 1 TL Brombeerfruchtpulver (optional)
- 160 g Brombeeren, alternativ andere Beeren, plus 50 g für die Dekoration

## ZUM DEKORIEREN

- 6 Blätter von Kräutern wie Waldmeister, Taubnessel, Giersch, plus etwas mehr für die Deko
- 6 Veilchenblüten oder andere blaue essbare Blüten
- gehackte Pistazienkerne

Die Mandelmilch mit den Chiasamen verrühren, die Haferflocken und 1 TL Ahornsirup, auf Wunsch auch das Fruchtpulver beifügen. Mehrere Minuten umrühren und für 1 Stunde im Kühlschrank ziehen lassen.

Die Brombeeren mit einer Gabel zerdrücken, mit dem restlichen Ahornsirup verrühren und die Hälfte davon auf zwei Gläser verteilen. Je 1–2 EL des durchgezogenen Chiapuddings auf den Brombeeren verteilen, glatt streichen.

Drei Brombeeren der Deko halbieren und mit der aufgeschnittenen Seite von innen ans Glas drücken. Ebenso mit den Veilchenblüten und den Kräuterblättern verfahren. Nun den Rest des Chiapuddings auftragen. Obenauf die andere Hälfte der Beerencreme, einige Beeren Blüten und die Pistazienkerne platzieren.

# Pflanzenporträts Frühling

Wenn die Natur erwacht, die Vögel uns rauslocken und die Sehnsucht nach Sonne uns antreibt, dann beginnt die Waldzeit. Einige frische Kräuter kann man bereits nach den ersten wärmeren Tagen pflücken und nach etwas Sonne sogar vereinzelte Blüten. Das beschränkt sich nicht nur auf Blüten am Boden, auch Bäume und Sträucher liefern mit ihrem Nektar die Zutaten für kleine Köstlichkeiten. Frisches Grün an Tanne und Fichte sind ein Kapitel für sich, aber gehören für mich definitiv zum Wood-Soulfood dazu. Im Folgenden will ich euch einige von diesen Leckereien aus dem Wald vorstellen.

## VEILCHEN

**Erntezeit:** März–Mai

**Merkmal:** 5–15 cm hohe Pflanze mit herzförmigen, am Boden angeordneten Blättern und hell- bis dunkelvioletten Blüten mit fünf Blütenblättern. Zart duftend. Häufig an lichteren Stellen zu finden.

**Verwendung:** frische Blüten, Blütensirup, Blütenzucker

**Rezeptidee:** Veilchenblüten-Madeleines

## HOLUNDERBLÜTEN

**Erntezeit:** Mai–Juni

**Merkmal:** Kleine weiße Blüten an großen, abgeflachten Schirmrispen. Duft nach Honig. Die Blätter des Holunders sind elliptisch, leicht gesägt am Rand und immer paarig angeordnet, an der Spitze eines Zweigs befindet sich ein einzelnes Blatt. Holundersträucher wachsen an Waldrändern und auf Lichtungen.

**Verwendung:** frische Blüten, Blütensirup, Blütenzucker

**Rezeptidee:** Holunderblüten-Cupcakes

## ROBINIENBLÜTEN

**Erntezeit:** Mai–Juni

**Merkmal:** 30 cm lange Blüten hängen in Trauben an den Zweigenden des Astes. Sie sind weiß mit leicht rötlichen Stielen. Duft nach Bergamotte. An Rändern von Wäldern zu finden.

**Verwendung:** frische Blüten, Blütensirup

**Rezeptidee:** Ausgebackene Robinienblüten

## FICHTENNADELN

**Erntezeit:** Mai

**Merkmal:** Zarte, hellgrüne und noch weiche Nadeln an den Spitzen der Zweige. Überall in Nadelwäldern zu finden. Fichten haben sehr spitze, kurze Nadeln.

**Verwendung:** Zucker, Sirup, Gelee

**Rezeptidee:** Fichtennadelsirup-Cookies

## GIERSCH

**Erntezeit:** Mai–Juni

**Merkmal:** Blätter in drei Blattgruppen unterteilt, die wiederum 3 Blätter aufweisen. Leicht gezackt am Rand. Der Stängel ist im Querschnitt dreieckig. Giersch bildet regelrechte Teppiche, breitet sich stark aus. Riecht frisch nach Petersilie oder Möhre.

**Verwendung:** frische Blätter

**Rezeptidee:** Gierschlimonade

## WALDMEISTER

**Erntezeit:** April–Juni

**Merkmal:** Niedrige Pflanze von 5–20 cm, an Gebüschrändern. Aufrechte Stiele mit 6–8 quirlständigen Blättern. Blätter glatt, nicht klebrig. Erst beim Anwelken bzw. Trocknen entsteht das typische Aroma. Die Blüte ist weiß mit vier kleinen Blütenblättern.

**Verwendung:** frische, leicht angewelkte Blätter in Sahne oder Milch gezogen, in Bowle

**Rezeptidee:** Waldmeistermousse-Cups

# Waldsommer

## BEEREN UND WILDKRÄUTER

61

VEGAN

# Walderdbeertörtchen

**Ergibt:** 6–8 Stücke
1 Stunde Zubereitungszeit
20 Minuten Backzeit
3 Stunden Kühlzeit

Dieses Törtchen kann man mit allen essbaren Beeren zubereiten, die es im Wald gibt. Ich habe mich für aromatische Waldhimbeeren entschieden, da sie toll mit Vanillepudding harmonieren.

## FÜR DEN TEIG

- 150 g Weizenmehl (Type 550)
- 100 g weißer Rohrzucker, plus 40 g für die Füllung
- 2 TL Backpulver
- 1 Prise Salz
- 20 g gemahlene Mandelkerne
- 200 ml Mandelmilch, plus 300 ml für die Füllung
- 1 EL Apfelessig
- 80 ml Sonnenblumenöl

## FÜR DIE FÜLLUNG

- 10 Walderdbeeren, plus etwas mehr für die Deko
- 1 Pck. Vanillepuddingpulver
- 100 g pflanzliche Butter, zerlassen

## FÜR DAS FROSTING

- 150 g pflanzliche Frischkäsecreme auf Mandelbasis
- 100 g pflanzliche Butter, weich
- 100 g Puderzucker, gesiebt
- Blüten und Blätter zum Verzieren (z. B. Gänseblümchen, Gierschblüten, Erdbeerblätter)

Für den Biskuitteig die trockenen Zutaten vermischen. Den Backofen auf 180 °C (Ober-/Unterhitze) vorheizen. Währenddessen die Mandelmilch mit dem Apfelessig für 5 Minuten stocken lassen. Das Öl in dünnem Strahl dazugeben und die Flüssigkeit mit einem Löffel unter die trockenen Zutaten rühren. Die Masse auf ein mit Backpapier ausgelegtes Backblech (35 x 25 cm) gießen und glatt streichen. Für 20 Minuten auf mittlerer Schiene backen, auskühlen lassen.

Nun mit einer Schüssel (etwa 14 cm ø und 5–6 cm Höhe) einen Kreis auf dem Teig kennzeichnen und ausschneiden (z. B. mit einem kleinen Messer). Aus dem übrigen Teig gleichmäßige lange Dreiecke schneiden. Die vorgesehene Schüssel mit Frischhaltefolie auskleiden. Die langen Dreiecke mit der Spitze zur Mitte hin so in die Schüssel legen, dass sie möglichst vollständig ausgekleidet ist. Den Schüsselboden bei Bedarf mit einem kleinen Kreis auslegen, sodass eine geschlossene Kuppel entsteht.

Für die Füllung die Walderdbeeren waschen und abtrocknen. Einen Vanillepudding aus den restlichen 300 ml der Mandelmilch, dem Puddingpulver und den restlichen 40 g Zucker nach Anleitung kochen. Die pflanzliche, noch flüssige Butter unterheben, ebenso die Erdbeeren. Die Füllung in die Kuppel geben, den Teigboden auflegen und leicht andrücken. Mit Folie abdecken und diese einigermaßen straff ziehen (ohne die Kuppel zu verbiegen). Abkühlen lassen und im Kühlschrank mindestens 2 Stunden kalt stellen.

Für das Frosting die Frischkäsecreme mit der restlichen Pflanzenbutter fluffig aufschlagen und den Puderzucker unterrühren. Die Creme 1 Stunde kühlen lassen. Die Kuppel vorsichtig auf einen Teller stürzen, die Schüssel und die Frischhaltefolie entfernen und die Kuppel ringsherum mit der Creme bestreichen. Nun nach Belieben mit halbierten Erdbeeren, Erdbeerblättern und Kräutern dekorieren.

GLUTEN FREI Anstelle von Weizenmehl entweder dieselbe Menge Buchweizenmehl nutzen oder 140 g helle glutenfreie Mehlmischung (z. B. Kuchenmix von Schär) verwenden und 1 TL Xanthan zugeben.

# Walderdbeer-Quarktarte

**Ergibt:** 1 Tarte (10 x 30 cm, ca. 12 Stücke)
30 Minuten Zubereitungszeit
15 plus 25 Minuten Backzeit
30 Minuten Ruhezeit

## FÜR DEN TEIG

- 180 g Weizenmehl (Type 405), plus etwas mehr zum Bestauben der Form
- 60 g gemahlene Mandelkerne
- 60 g Puderzucker
- 1 EL Abrieb von 1 unbehandelten Zitrone, plus 1 TL für die Füllung
- 120 g pflanzliche Butter, plus etwas mehr zum Fetten der Form
- 1 EL Apfelmus

## FÜR DIE FÜLLUNG

- 80–100 g Walderdbeeren (ca. ½ Tasse, alternativ Gartenerdbeeren)
- 250 g Quark (40 % Fettanteil)
- 60 g weißer Rohrzucker
- 50 ml flüssige Schlagsahne
- 1 Ei (Größe M)
- 1 Prise Salz

## ZUM DEKORIEREN

- weiße essbare Blüten (z. B. Blüten von Obstbäumen, Gänseblümchen oder Stiefmütterchen, alternativ auch Blütenblätter von Robinie oder Holunder), Erdbeerstücke

Eine frische Quarktarte geht immer. Ich persönlich liebe Tartes, weil sie praktisch zu transportieren sind, je nach Füllung frisch schmecken und sich im Kühlschrank lange halten. Hier ist eine Variante mit Walderdbeeren – man benötigt etwa ein bis zwei Handvoll.

Aus den Zutaten für den Boden mit den Knethaken des Rührgerätes einen Teig herstellen und 30 Minuten ruhen lassen. Den Backofen auf 180 °C (Ober-/Unterhitze) vorheizen. Eine eckige Tarteform mit pflanzlicher Butter ausstreichen und mit Mehl ausstreuen. Den Teig am Boden und am Rand dünn andrücken. Mit der Gabel kleine Luftlöcher in den Boden stechen. 15 Minuten backen, aus dem Ofen nehmen und auskühlen lassen.

Für die Füllung die Erdbeeren fein pürieren. Den Quark mit dem Zucker und dem Ei glatt rühren. Das Salz, den restlichen Zitronenabrieb, die flüssige Sahne und das Erdbeerpüree unterheben. Die Creme auf den gebackenen Boden geben und für 25 Minuten bei 180 °C (Ober-/Unterhitze) auf mittlerer Schiene backen. Aus dem Ofen nehmen, auskühlen lassen.

Mit den essbaren Blüten sowie den Erdbeerstückchen dekorieren und genießen.

GLUTEN FREI

Anstelle von 180 g Weizenmehl 160 g helle glutenfreie Mehlmischung (z. B. Kuchenmix von Schär) nutzen und 1 TL Flohsamenschalenpulver zugeben.

VEGAN

Für die Füllung findet ihr im hinteren Rezeptteil unter »Vegane Grundrezepte« einen veganen Cheesecake – davon $^1/_3$ anstelle der Quarkmasse nutzen, mit den pürierten Walderdbeeren mischen und wie oben angegeben backen.

GLUTEN FREI

# Himbeer-Vanilletörtchen

**Ergibt:** 1 Törtchen
(15 cm ø, ca. 6 Stücke)
45 Minuten Zubereitungszeit
18 Minuten Backzeit
2 Stunden Kühlzeit

## FÜR DEN TEIG

- 2 Eier (Größe M)
- 75 g Puderzucker
- 2 EL Mandelmilch, plus 150 ml für die Füllung
- 75 g Buchweizenmehl, plus etwas mehr zum Bestauben der Form
- 1 Prise Salz
- 1 TL Backpulver
- pflanzliche Butter zum Bestreichen, plus 50 g für die Füllung

## FÜR DIE FÜLLUNG

- 3 EL weißer Rohrzucker
- ½ Pck. Vanillepuddingpulver
- 50 g Himbeeren, plus 8–10 für die Deko

## ZUM DEKORIEREN

- 1–2 EL Matchateepulver
- einige Rosmarinnadeln
- einige Zuckerperlen (optional)

Selbst aus der kleinsten Beerenernte lässt sich ein hübsches Törtchen zaubern. Ich bin ein Fan von kleinen Kuchen und möchte euch daher dieses leichte Rezept ans Herz legen, das sehr variabel ist und sich deshalb für vielerlei Geschmacksrichtungen eignet. Man benötigt zwei Handvoll Beeren.

Den Backofen auf 180 °C (Ober-/Unterhitze) vorheizen. Die Eier trennen und das Eiweiß mit 40 g von dem Puderzucker mit den Schneebesen des Rührgerätes sehr steif schlagen. Das Eigelb mit der Mandelmilch vermischen und mit dem übrigen Puderzucker schaumig rühren, z. B. mit dem Schneebesen.

Das Buchweizenmehl mit dem Salz und dem Backpulver vermischen und zusammen mit dem Eiweiß und der Eigelbmischung verrühren, bis die Masse homogen ist. Das geht am besten mit einem Teigschaber oder großen Löffel. Eine kleine Springform (15 cm ø) mit pflanzlicher Butter ausstreichen und mit Mehl bestauben. Den Teig hineingeben und für 20 Minuten auf der mittleren Schiene backen. Kurz auskühlen lassen, aus der Form nehmen und einmal waagerecht durchschneiden.

Aus den restlichen 150 ml Mandelmilch, dem Zucker und dem Vanillepuddingpulver nach Anleitung einen Pudding kochen. Die 50 g pflanzliche Butter in den noch heißen Pudding einrühren. Die Creme für eine Stunde abkühlen lassen. Nun die erste Hälfte der Creme auf den unteren Boden auftragen. Die Himbeeren darauf verteilen und den zweiten Boden andrücken. Die restliche Creme auf der Oberseite verstreichen. Etwas Matchateepulver mit einem Sieb drüberstreuen und mit den restlichen Himbeeren sowie den Rosmarinnadeln und nach Wunsch mit Zuckerperlen dekorieren. Die Torte 1 Stunde kühlen.

VEGAN Ein Rezept für veganes Biskuit findet ihr im hinteren Rezeptteil unter »Vegane Grundrezepte«. Davon die halbe Menge herstellen.

GLUTEN FREI

# Himbeerwölkchen

Mit zwei Handvoll Himbeeren kann man leckere Kekse, Macarons oder diese kleinen Baiserwölkchen füllen. Sie sind einfach herzustellen und im Vergleich zu einem Stück Kuchen eine zuckersüß leichte Begleitung zum Milchkaffee, daher dürfen sie in meinem Buch nicht fehlen.

**Ergibt:** 12 Stück
30 Minuten Zubereitungszeit
2 Stunden Backzeit
1 Stunde Kühlzeit

## FÜR DAS BAISER

- etwas Essig zum Säubern der Geräte
- 2 Eiweiß (Größe M, insgesamt ca. 60 g)
- 3 Spritzer Zitronensaft
- 60 g feiner weißer Zucker
- 60 g Puderzucker, gesiebt
- etwas rote Lebensmittelfarbe (Paste)

## FÜR DIE FÜLLUNG

- 150 g Himbeeren
- 85 g weiße Schokolade

Für das Baiser die verwendete Schüssel und den Schneebesen des Rührgeräts mit etwas Essig abreiben. Das bewirkt, dass das Eiweiß gut fest wird. Das Eiweiß hineingeben und bei mittlerer Stufe anfangen zu schlagen. Den Zitronensaft zugeben und den feinen weißen Zucker vorsichtig einrieseln lassen, weiter schlagen. Wenn das Eiweiß sehr fest ist, den Puderzucker zufügen und gut verrühren.

Einen Spritzbeutel mit Sterntülle vorbereiten. Dazu die rote Lebensmittelfarbe mit einem Holzstäbchen auf der Innenseite des Spritzbeutels in Längsstreifen auftragen, erst dann die Eiweiß-Zucker-Masse einfüllen. Den Backofen auf 110 °C (Ober-/Unterhitze) vorheizen. Auf ein Blech mit Backpapier mit etwas Abstand je eine etwa pflaumengroße Menge aufspritzen. Für 20 Minuten bei leicht geöffneter Ofentür backen (dazu den Kochlöffel zwischen die Ofentür schieben). Herausnehmen und abkühlen lassen.

Für die Füllung die Himbeeren waschen und mit 2 EL Wasser weich kochen. Durch ein Sieb streichen und die Flüssigkeit sowie das Mus, das am Sieb hängt, in den Topf zurückgeben und auf niedriger Stufe köcheln, bis es sich zu einer dickflüssigen Masse reduziert hat. Das sollte etwa 40 g Himbeermus ergeben. Die weiße Schokolade über dem Wasserbad schmelzen, zum Himbeermus geben und gut verrühren. Die Masse etwa 1 Stunde kühlen. In einen weiteren Spritzbeutel oder eine Gefriertüte füllen, die Spitze abschneiden und je Baiser eine walnussgroße Menge auf die Unterseite spritzen und mit einem zweiten Baiser zusammensetzen.

> VEGAN Statt Eiweiß die entsprechende Menge Eiweiß-Ersatzpulver (z. B. von BioVegan) verwendet werden. Nach Packungsanleitung zubereiten und ansonsten wie oben verfahren. Die Baisers werden rundlicher, aber genauso fest.

GLUTEN FREI VEGAN

# Himbeercrumble

Wenn es schnell gehen muss, ist ein Crumble genau das Richtige. Man braucht nicht mal ein Rührgerät und kann es gleich warm vernaschen. Besonders lecker ist es mit Vanilleeis serviert – hallo Sommer!

**Ergibt:** 8 Portionen
15 Minuten Zubereitungszeit
25 Minuten Backzeit

## FÜR DIE FÜLLUNG

- etwas pflanzliche Butter zum Fetten der Form, plus 100 g für die Streusel, zerlassen
- 250 g Himbeeren (frisch gepflückt oder TK-Ware)
- 2 EL weißer Rohrzucker
- 2 EL Limettensaft

## FÜR DIE STREUSEL

- 100 g Haferflocken (bei Bedarf glutenfrei)
- 50 g gemahlene Mandelkerne
- 30 g Kokosmehl (oder Kokosraspeln)
- 50 g Buchweizenvollkornmehl
- 70 g brauner Rohrzucker
- 1 Prise Salz
- 90 g Marzipanrohmasse
- Vanilleeis (auf Wunsch pflanzlich)

Eine kleine Auflaufform (ca. 15 x 25 cm) mit pflanzlicher Butter ausstreichen. Die Himbeeren bei Bedarf waschen und abtropfen lassen. Tiefkühlware muss nicht aufgetaut werden. Die Himbeeren in die Auflaufform geben und mit dem Zucker und dem Limettensaft verrühren. Währenddessen den Backofen auf 180 °C (Ober-/Unterhitze) vorheizen.

Für die Streusel alle trockenen Zutaten mit der zerlassenen Butter verkneten, sodass größere und kleinere Teigkrümel entstehen. Diese über die Himbeeren geben und für 20–25 Minuten je nach gewünschtem Bräunungsgrad auf mittlerer Schiene backen. Herausnehmen, etwas abkühlen lassen.

Am besten noch lauwarm mit einer Kugel Vanilleeis servieren.

GLUTEN FREI VEGAN

# Brombeer-Tassenkuchen

Dies ist mein absoluter Lieblingskuchen für den Garten oder eine Wanderung. Er kann in einer Tasse gebacken werden oder auch in einem Glas, das man mit einem Deckel verschließt. So lässt er sich super transportieren. Er schmeckt auch leicht warm einfach köstlich!

**Ergibt:** 4 Portionen
25 Minuten Zubereitungszeit
25 Minuten Backzeit
30 Minuten Kühlzeit

## ZUTATEN

- 75 ml Mandelmilch
- 1 EL Zitronensaft
- 80 g Brombeeren (ca. 1 Handvoll)
- 80 g Hafermehl (bei Bedarf glutenfrei)
- 80 g Buchweizenmehl
- 40 g gemahlene Haselnusskerne
- 2 gestr. TL Backpulver
- 1 TL Fleur de Sel
- 85 g pflanzliche Butter, weich
- 90 g weißer Rohrzucker
- 2 gehäufte Esslöffel Apfelmus
- etwas geschmacksneutrales Öl zum Bestreichen
- Puderzucker zum Bestauben

Die Mandelmilch mit dem Zitronensaft verrühren und 15 Minuten stehen lassen. Dabei bildet sich eine buttermilchartige Masse. Die Brombeeren waschen, Stiele entfernen und abtropfen lassen. Den Backofen auf 180 °C (Ober-/Unterhitze) vorheizen.

Die trockenen Zutaten (ohne den Zucker) mischen. Die pflanzliche weiche Butter mit dem Zucker mit den Schneebesen des Rührgerätes locker aufschlagen. Das Apfelmus und die gestockte Mandelmilch mischen, unter die Buttermischung geben und anschließend die Mehlmischung unterheben. Die Brombeeren nur grob untermengen, damit sie nicht zerdrückt werden.

Vier Tassen aus Emaille oder aus Steingut mit etwas Öl ausstreichen. Den Teig einfüllen, dabei 2–3 cm Platz bis zum Rand lassen. Den Tassenkuchen für 25–30 Minuten backen. Dann die Stäbchenprobe machen: Wenn nichts mehr am Holzstäbchen kleben bleibt, herausnehmen und abkühlen lassen. Mit Puderzucker bestreut servieren.

# Cheesecake mit Brombeersauce

Cremiger Cheesecake mit dicker fruchtiger Sauce darauf, dazu einen schokoladigen Boden – so geht echtes Soulfood. Davon ein Stück, und Ärger rückt in weite Ferne. Hier könnt ihr auch variieren und gemischte Beeren verwenden – etwa ein Schälchen voll sollte es sein.

**Ergibt:** 12 Stück
1 Stunde Zubereitungszeit
13 plus 50 Minuten Backzeit
12 Stunden Kühlzeit

## FÜR DEN TEIG

- 100 g Weizenmehl (Type 405)
- 45 g Weizenvollkornmehl
- 2 EL Kakao
- 2 EL gemahlene Mandelkerne
- 45 g Vollrohrzucker
- ½ TL Meersalz, plus ½ TL für die Füllung
- ½ TL Natron
- 120 g pflanzliche Butter, weich, plus etwas mehr zum Fetten der Form sowie 70 g für das Topping

## FÜR DIE FÜLLUNG

- 450 g Frischkäse
- 160 g weißer Rohrzucker, plus 150 g für das Topping
- 3 Eier (Größe M), plus 3 Eigelb für das Topping
- 1 EL Abrieb von 1 unbehandelten Zitrone
- 50 g süße Sahne
- 10–12 Brombeeren, plus 300 g für das Topping

## FÜR DAS TOPPING

- 3 EL Limettensaft

Den Backofen auf 170 °C (Ober-/Unterhitze) vorheizen. Aus den Zutaten für den Boden mit den Knethaken des Rührgerätes einen krümeligen Teig herstellen und kurz ruhen lassen. Eine Springform (20 cm ø) mit Butter ausstreichen und den Teig am Boden und bis zum oberen Rand dünn andrücken. Mit der Gabel kleine Löcher in den Boden stechen. 13 Minuten vorbacken. Den Boden aus dem Ofen nehmen und sofort mit einem scharfen Messer den Kuchenrand vorsichtig von der Springform lösen, auskühlen lassen.

Für die Füllung den Frischkäse und den Zucker mit einem Schneebesen verrühren. Die Eier nach und nach beifügen. Das Salz und den Zitronenabrieb zugeben und zuletzt die Sahne unterheben. Nicht zu stark rühren, da sonst zu viel Luft eintritt. Die Füllung auf dem vorgebackenen Boden verteilen und die Brombeeren auf die Füllung geben, leicht reindrücken. Sie sinken beim Backen nach unten. Im vorgeheizten Ofen für 45–50 Minuten auf der unteren Schiene backen. Dabei eine feuerfeste Form, die zu 2 cm mit Wasser gefüllt ist, auf den Boden des Ofens stellen. Der Cheesecake ist fertig, wenn er in der Mitte nicht mehr flüssig erscheint, sobald man die Form schüttelt. Herausnehmen, komplett abkühlen lassen, am besten über Nacht in den Kühlschrank stellen.

Für den Brombeer-Curd die restlichen Brombeeren und den Limettensaft aufkochen. Wenn sie weich sind, die Brombeeren durch ein Sieb drücken und das Mus wieder in den Topf geben. Den Zucker und das Eigelb zugeben, gut verrühren. Auf mittlerer Stufe kochen, bis es sichtbar reduziert ist, das dauert etwa 20 Minuten. Die restlichen 70 g Butter in Würfeln unterziehen. Etwa 5 Minuten weiterköcheln. Mit dem Löffel prüfen, ob die Konsistenz gut ist. Sobald es nach kurzem Abkühlen nicht mehr verläuft, mit einem Löffel auf die Oberfläche des Kuchens geben.

GLUTEN FREI

Gut eignet sich ein Boden aus 200 g glutenfreien zerkleinerten Haferkeksen anstelle der Weizenmehlzutaten, dann nur 30 g Vollrohrzucker und 140 g vegane Butter sowie je 1 Prise Zimt und Salz zufügen.

VEGAN

Ein Rezept für eine vegane Cheesecake-Füllung findet ihr im hinteren Rezeptteil unter »Vegane Grundrezepte«. Statt Brombeer-Curd könnt ihr auch eine vegane Fruchtsauce aus dem Brombeermus kochen, ebenfalls zu finden im hinteren Rezeptteil im selben Abschnitt.

GLUTEN FREI VEGAN

# Brombeer-Cheesecake im Zebralook

**Ergibt:** 1 Kuchen (20 cm ø, ca. 8–12 Stücke)
45 Minuten Zubereitungszeit
12 plus 75 Minuten Backzeit
6 Stunden Kühlzeit

## FÜR DIE FÜLLUNG

- 250 g pflanzliche Frischkäsecreme auf Mandelbasis
- 550 g pflanzlicher Joghurt nach Skyr-Art
- 250 ml Sojasahne
- 160 g weißer Rohrzucker
- 1 Pck. Vanillezucker
- 1 Prise Salz
- 40 g Vanillepuddingpulver
- 150 g Brombeeren

## FÜR DEN TEIG

- 180 g Haferkekse (bei Bedarf glutenfrei)
- 80 g pflanzliche Butter, zerlassen, plus etwas mehr zum Fetten der Form

Ich war immer unsicher, ob Cheesecake in veganer Form genauso lecker sein kann wie der herkömmliche. Und hier ist der Beweis – ein cremiger Cheesecake mit fruchtiger Komponente aus Brombeeren im gestreiften Look. Lasst euch überraschen! Man benötigt etwa eine große Tasse voll Brombeeren.

Alle Zutaten für die Füllung auf Zimmertemperatur bringen. Währenddessen die Brombeeren pürieren und das Brombeermus durch ein feines Sieb streichen, um die Kerne zu entfernen.

Den Backofen auf 180 °C (Ober-/Unterhitze) vorheizen. Für den Boden die Haferkekse in eine Tüte geben und mit einer Teigrolle feinkrümelig zerkleinern. Die vegane Butter und die Kekskrümel mit einer Gabel vermengen. Eine Springform (20 cm ø) mit etwas veganer Butter ausstreichen. Die Kekskrümelmasse am Boden und etwas an der Seite der Springform andrücken. Nun für 12 Minuten im Ofen vorbacken. Herausnehmen und abkühlen lassen. Eine ofenfeste Form mit Wasser füllen und auf den Boden des Backofens stellen.

Die vegane Frischkäsecreme mit dem veganen Skyr und der Sojasahne mit einem Schneebesen vorsichtig verrühren. Den weißen Rohrzucker einrühren, gefolgt von dem Vanillezucker und dem Salz. Das Vanillepuddingpulver möglichst klümpchenfrei mit dem Schneebesen in die Masse rühren. Dann $1/3$ der Creme in eine zweite Schüssel füllen und mit dem Brombeermus verrühren.

Nun wird das Zebramuster hergestellt. Dazu mit 1 EL weißer Creme beginnen und diesen auf die Mitte des vorgebackenen Bodens geben. Nun mit einem EL der Brombeercreme ebenfalls einen Klecks auf die Mitte setzen, sodass noch ein weißer Rand der ersten Creme zu sehen ist. Immer so weitermachen, bis die Creme aufgebraucht ist. Dabei tendenziell immer etwas mehr weiße Creme verwenden als Brombeercreme. Mit weißer Creme abschließen. Dann die Form eher in der unteren Hälfte des Ofens für 75 Minuten backen. Herausnehmen und abkühlen lassen. Im Kühlschrank über Nacht auskühlen lassen.

GLUTEN FREI VEGAN

# Brombeer-Popsicles

Um schon mit kleinen Mengen Beeren ein frisches Eis zu zaubern, braucht ihr keine Eismaschine, und vegan klappt es auch sehr gut. Wenn ihr keine Stiele habt, könnt ihr alternativ kleine Löffel benutzen.

**Ergibt:** 4 Stück
15 Minuten Zubereitungszeit
12 Stunden Kühlzeit

## FÜR DIE EISMASSE

— 100 g Brombeeren
— 250 ml Mandelsahne oder Hafersahne (Hafer Cuisine)
— 2 EL Ahornsirup
— 2 TL Vanillezucker

## ZUM DEKORIEREN

— 50 g weiße Kuvertüre
— Pistazienkerne, gehackt

Die Brombeeren waschen und auf einem Küchentuch trocknen lassen. Stiele und Blätter entfernen.

Die Mandelsahne, die Brombeeren, den Ahornsirup und den Vanillezucker mit dem Pürierstab gründlich mixen und etwas aufschäumen. Nun in Eisförmchen füllen, die Stiele in die Masse drücken und im Eisfach mindestens 12 Stunden durchkühlen lassen.

Weiße Kuvertüre im Wasserbad schmelzen, streifig über die Popsicles geben und mit Pistazienstücken bestreut genießen.

**Tipp:** Das Eis funktioniert auch mit allen anderen Beeren. Falls keine Eisformen vorhanden sind, eignen sich auch kleine Joghurtbecher.

VEGAN

# Holunderbeeren-Cantuccini

**Ergibt:** 2 Bleche (ca. 30 Stück)
30 Minuten Zubereitungszeit
25 Minuten Backzeit
1 Stunde Kühlzeit

Wenn man Holunderbeeren, vom Stiel getrennt, zwei bis drei Tage ausgebreitet trocknen lässt, erhält man eine leckere Zutat für Kekse oder wie hier für Cantuccini. Cantuccini sind ein eher trockenes, hartes italienisches Gebäck, das wie Zwieback zweimal gebacken wird und daher lange haltbar ist.

## FÜR DEN TEIG

— 250 g Weizenmehl (Type 405)
— 150 g weißer Rohrzucker
— 1 EL Abrieb von 1 unbehandelten Zitrone
— 1 Prise Meersalz
— 1 Prise gemahlener Kardamom
— 30 g pflanzliche Butter, weich
— 100 g Walnusskerne, grob gehackt
— 50 g getrocknete Holunderbeeren
— Hagelzucker zum Wälzen

Den Backofen auf 170 °C (Umluft) vorheizen. Das Mehl, den Rohrzucker und die Würzzutaten in einer großen Schüssel vermischen. Die pflanzliche Butter zügig unterrühren, gefolgt von den Walnusskernen und den getrockneten Holunderbeeren.

Den Teig zu zwei langen Rollen formen, dabei nicht zu sehr kneten, nur grob mit den Händen zusammenschieben und für 30 Minuten kalt stellen. Rundherum im Hagelzucker wälzen und auf ein mit Backpapier ausgelegtes Backblech legen. Für 15 Minuten auf mittlerer Schiene backen. Sie laufen von selbst etwas auseinander, so ergibt sich die typische abgeflachte Form.

Herausnehmen und sofort mit einem Messer schräg 2–3 cm dicke Scheiben abschneiden. Diese mit der Schnittfläche auf das Backblech legen und für weitere 10 Minuten backen. Aus dem Ofen nehmen, abkühlen lassen und luftdicht verpackt lagern.

GLUTEN FREI

Anstelle von Weizenmehl 225 g helle glutenfreie Mehlmischung nutzen (z. B. Kuchenmix von Schär) und 2 TL Flohsamenschalenpulver zufügen.

# Holunderbeeren-Cremeschnitten

Ein göttlich würziges Holunderbeerenkompott veredelt diesen fluffigen Schokoladenkuchen mit Frischkäsetopping – ein toller, einfacher Spätsommerkuchen. Das Tüpfelchen auf dem i ist hier die betörende dunkelrote Beerenfarbe, schließlich isst das Auge auch mit.

**Ergibt:** 1 Kastenkuchen (20 cm Länge, ca. 12 Stücke)
45 Minuten Zubereitungszeit
40 Minuten Backzeit
30 Minuten Kühlzeit

## FÜR DIE BEERENSAUCE

- 5 Dolden reife Holunderbeeren
- 100 g brauner Rohrzucker
- 1 EL Waldhonig
- je 1 Prise Zimtpulver, gemahlene Gewürznelke und Ingwerpulver (optional)

## FÜR DEN TEIG

- 125 g pflanzliche Butter, weich
- 125 g Vollrohrzucker
- 1 Prise Salz
- 2 EL Apfelmus
- 2 EL Kakao
- 200 g Weizenmehl (Type 405)
- ½ Pck. Backpulver
- 2 EL (ca. 25 g) Sojajoghurt
- 50 ml Mandelmilch

## FÜR DAS TOPPING

- 200 g Doppelrahm-Frischkäse, zimmerwarm
- 50 g Puderzucker
- 100 g weiße Schokolade

Die einzelnen Holunderbeeren mit einer Gabel von den Stielen streifen und in einem Sieb waschen. In einem Topf mit 100 g braunem Rohrzucker, dem Waldhonig und 3 EL Wasser mischen. Aufkochen und je 1 Prise Zimt, gemahlene Gewürznelke und Ingwerpulver hinzugeben. Gut umrühren. Wenn die Konsistenz leicht sirupartig ist, vom Herd nehmen.

Den Backofen auf 180°C Ober-/Unterhitze vorheizen. Für den Teig die pflanzliche Butter mit dem Vollrohrzucker und dem Salz schaumig aufrühren. Das Apfelmus dazugeben und gut verrühren. Den Kakao, das Mehl und das Backpulver vermengen und zusammen mit dem Sojajoghurt und der Mandelmilch unter die Buttermasse rühren. Eine mit Backpapier ausgekleidete Kastenform (20 cm Länge) mit dem Teig befüllen. Für 40 Minuten auf mittlerer Schiene backen, herausnehmen und abkühlen lassen.

Für das Topping den Frischkäse mit dem Puderzucker verrühren. Die weiße Schokolade über dem Wasserbad schmelzen und unter die Frischkäsemasse rühren. Auf den Kuchen geben und mit einem Messer vorsichtig glatt streichen. Das Holunderbeerenkompott auf die Mitte auftragen.

GLUTEN FREI Statt Weizenmehl 160 g helle glutenfreie Mehlmischung (z. B. Kuchenmix von Schär) verwenden und 1 EL gemahlene Flohsamenschalen dazugeben.

VEGAN Statt Frischkäse eine pflanzliche Frischkäsecreme auf Mandelbasis nutzen. Den Honig im Kompott mit Zuckerrübensirup oder einer veganen Honigalternative ersetzen.

GLUTEN FREI VEGAN

# Holunderbeeren-Lollis

Für dieses Rezept wird Holunderfruchtpulver oder wahlweise ein anderes Fruchtpulver genutzt. Da dieses aus gefriergetrockneten Früchten hergestellt wird, lässt es sich leider nicht selbst machen. Ich wollte es euch dennoch nicht vorenthalten, und schließlich stammen Holunderbeeren aus dem Wald.

**Ergibt:** 12 Lollis
20 Minuten Zubereitungszeit
12 Stunden Kühlzeit

## ZUTATEN

- 80 g Xylit (Birkenzucker)
- 3 gestr. EL Holunderfruchtpulver (gefriergetrocknet)
- Lollistiele

Den Xylit langsam bei geringer Temperatur in einem schweren, beschichteten Topf schmelzen, bis er sich verflüssigt hat. Das Fruchtpulver hinzugeben und gut unterrühren. Den Topf von der Herdplatte ziehen und die Masse für 10 Minuten auskühlen lassen.

Die Form für die Lollis vorbereiten und die Stiele in die Form drücken. Die Masse mit einem Löffel nacheinander in die Form füllen. Fest werden lassen und anschließend im Kühlschrank komplett auskühlen lassen. Vorsichtig aus der Form holen und in ein Glas stellen.

**Tipp:** Eine weitere Lollivariante sind die Veilchenlollis von Seite 18. Dann anstelle von Wasser den Saft von Holunderbeeren nutzen. Falls keine Lolliform vorhanden ist, kann man kleine Bonbons zubereiten. Dazu Tröpfchen der flüssigen Masse vorsichtig auf ein mit Backpapier ausgelegtes Blech geben und abkühlen lassen. Nach Belieben in etwas Xylit wälzen, damit die Bonbons nicht zusammenkleben.

# Blueberry-Pie

Ergibt: 8–12 Stücke
45 Minuten Zubereitungszeit
40 Minuten Backzeit
1 Stunde Kühlzeit

Ein klassisches Rezept mit großem Wow-Effekt. Am schönsten finde ich, dass ein Pie ohne viel Zutun sehr hübsch gestaltet werden kann, und das Beste ist die Füllung aus würzigen Wildheidelbeeren und Kardamom. Man benötigt hier eine größere Menge an Wildheidelbeeren.

## FÜR DEN TEIG

- 130 g Sauerrahm
- 1 EL Essig
- 1 Prise Meersalz
- 300 g Weizenmehl (Type 550), plus etwas mehr zum Bemehlen
- 1 TL weißer Rohrzucker
- 50 g Maisstärke, plus 35 g für die Füllung
- 250 g kalte Butter, gewürfelt

## FÜR DIE FÜLLUNG

- 2 kleine Äpfel
- 500 g Wildheidelbeeren (notfalls TK-Ware)
- 100 g weißer Rohrzucker
- 1 EL zerstoßener Kardamom

## AUSSERDEM

- 2 EL Mandelmilch zum Bestreichen
- 1 Pck. Bourbon-Vanillezucker

Den Sauerrahm, 4 EL Wasser, den Essig und das Meersalz vermischen und kalt stellen. Das Mehl mit dem Zucker und der Stärke vermengen. Die kalte Butter mit den Fingern grob einarbeiten, sodass ein Teig entsteht, der gerade so zusammenhält. Die Sauerrahmmischung zufügen und so untermengen, dass ein formbarer Teigklumpen entsteht. Nicht zu viel kneten! Für 1 Stunde mit Folie abgedeckt kalt stellen.

Den Backofen auf 210 °C (Ober-/Unterhitze) vorheizen. Die Arbeitsfläche leicht bemehlen und den Teig in zwei Hälften teilen. Je zwischen zwei Backpapierstücken ausrollen. Mit einer Hälfte eine Pie-Form (23 cm ø) auskleiden, sodass die Ränder ebenfalls bedeckt sind. Überschüssigen Teig abschneiden.

Die Äpfel waschen, schälen, das Kerngehäuse entfernen und in kleine Würfel schneiden. Die Wildheidelbeeren waschen und abtropfen lassen und mit dem Zucker, dem Kardamom, den Apfelstücken und den restlichen 35 g der Stärke verrühren. Die Füllung in die mit Teig ausgelegte Pie-Form geben.

Die zweite Teighälfte in 2 cm breite Streifen schneiden. Bei Bedarf mit einer Silikonschablone ein Muster in die Teigstreifen drücken. Diese auf einem Brett in einem Webmuster zusammenflechten, im Ganzen anheben (z. B. mit einer breiten Kuchenpalette) und auf das Pie legen. Die Ränder zusammendrücken, überstehende Reste abschneiden. Als Deko aus Teigresten ggf. Blätter ausstechen und auf dem Rand vorsichtig andrücken. Die Oberfläche mit der Mandelmilch bestreichen. Den Vanillezucker darüberstreuen und für 15 Minuten im vorgeheizten Ofen backen. Die Temperatur auf 180 °C reduzieren und für weitere 25 Minuten backen. Das Pie aus dem Ofen nehmen und abkühlen lassen.

GLUTEN FREI Statt Weizenmehl 300 g glutenfreies Mehl (z. B. Kuchenmix von Schär) und 40 g Buchweizenmehl mit ½ TL Xanthan mischen. Die Wassermenge auf 6 EL erhöhen, sodass der Teig noch gut formbar ist.

VEGAN Anstelle von Sauerrahm 150 g Sojajoghurt für 30 Minuten abtropfen lassen und etwas ausdrücken. Zusätzlich 20 g Speisestärke beifügen. Pflanzliche Butter nutzen.

VEGAN

# Blaubeerschnecken

**Ergibt:** 7 Schnecken
45 Minuten Zubereitungszeit
12 Minuten Backzeit
1 Stunde Kühlzeit

## FÜR DEN TEIG

- 250 g Kokosjoghurt (alternativ 200 g Quark, dann nicht mehr vegan)
- 250 g Weizenmehl (Type 550), plus etwas mehr zum Bemehlen
- ½ Pck. Backpulver
- 1 EL grob gemahlener Kardamom
- ½ TL Meersalz
- 100 ml Sonnenblumenöl
- 50 g weißer Rohrzucker

## FÜR DIE FÜLLUNG

- 150 g pflanzliche Butter, weich
- 100 g Puderzucker, plus 150 g für das Topping
- 150 g Waldheidelbeeren (notfalls TK-Ware)

## FÜR DAS TOPPING

- 2–3 EL Zitronensaft

Wer Zimtschnecken mag, wird auch diese Schnecken lieben. Statt wie üblich Hefeteig wird hier eine Art Quark-Öl-Teig verwendet. Mit fruchtigen Blaubeeren gefüllt und Puderzuckerguss eine super Sache.

Zunächst den Kokosjoghurt abtropfen lassen. Dazu ein grobes Tuch in ein Sieb legen und den Joghurt hineingeben. Für 1–2 Stunden bei Raumtemperatur abtropfen lassen. Leicht ausdrücken, Flüssigkeit wegschütten.

Das Mehl mit dem Backpulver und den Gewürzen mischen. Den abgetropften Kokosjoghurt mit dem Öl und dem Zucker mischen und zu der Mehlmischung geben. Beides gut verkneten. Den Teig auf einer bemehlten Arbeitsfläche 1 cm dick leicht rechteckig ausrollen und etwas entspannen lassen. Eine kleine backofenfeste Tarteform vorbereiten und den Ofen auf 170 °C (Ober-/Unterhitze) vorheizen.

In der Zwischenzeit die Füllung vorbereiten. Die Butter mit 100 g des Puderzuckers und den Blaubeeren vermengen. Den Teig mit der Füllung bestreichen, einen kleinen Rand frei lassen. Von der Längsseite aufrollen und in 7 Scheiben schneiden. Die Schnecken auf der Schnittseite liegend in der Tarteform anordnen. Für 25 Minuten backen, herausnehmen und abkühlen lassen.

Für das Topping den restlichen Puderzucker sieben und mit dem Zitronensaft verrühren. Auf den Schnecken verstreichen und trocknen lassen.

GLUTEN FREI

Statt 250 g Weizenmehl empfiehlt sich 220 g helle glutenfreie Mehlmischung (z. B. Mix Brot von Schär), gemischt mit 1 TL Xanthan und unter Zugabe von 1 Ei (dann nicht mehr vegan).

GLUTEN FREI VEGAN

# Blaubeer-Pancake-Türmchen

**Ergibt:** 4 Portionen
15 Minuten Zubereitungszeit
je 2–3 Minuten Backzeit

Bei einem ausgedehnten Frühstück oder Brunch dürfen für mich Pancakes nicht fehlen. Hier präsentiere ich eine farbenfrohe, glutenfreie und vegane Alternative für alle.

## FÜR DEN TEIG

- 1–2 EL Sonnenblumenöl zum Braten
- 350 ml Mandelmilch
- 1 EL Zitronensaft
- 100 g Hafermehl (bei Bedarf glutenfrei)
- 50 g gemahlene Mandelkerne
- 50 g Buchweizenmehl
- 1 EL Flohsamenschalenpulver
- 2 EL Heidelbeerpulver (optional, für die blaue Färbung)
- 1 mittlere überreife Banane
- 2 EL weißer Rohrzucker
- 1 EL Ahornsirup (oder Zuckerrübensirup), plus 1 EL für die Füllung
- 1 Prise Salz

## FÜR DIE FÜLLUNG

- 150 g veganer Heidelbeerjoghurt (z. B. auf Mandelbasis)
- 50 g Heidelbeeren

In eine große beschichtete Pfanne etwas Sonnenblumenöl zum Braten geben. Die Mandelmilch mit dem Zitronensaft verrühren und 10 Minuten stehen lassen.

Das Hafermehl mit den Mandelkernen und dem Buchweizenmehl sowie dem Flohsamenschalenpulver und auf Wunsch dem Heidelbeerpulver vermischen. In einer zweiten Schüssel die Banane zerdrücken und mit der gestockten Mandelmilch, dem Zucker, dem Sirup und dem Salz glatt rühren. Die Mehlmischung mit einem Schneebesen unterrühren. Je eine Kelle in die schon heiße Pfanne geben, möglichst nicht zu breit gießen. Für 2–3 Minuten backen und einmal wenden.

Zum Servieren je Türmchen 4–5 Pancakes stapeln. Auf den ersten Pancake 1 EL Joghurt und 2–3 Heidelbeeren geben, den nächsten Pancake auflegen und weiter so verfahren, bis das Türmchen fertig ist. Auf die oberste Lage Joghurt wieder Heidelbeeren geben und ein wenig Ahornsirup aufträufeln. Zum Stabilisieren eignet sich ein Holzspieß.

**Tipp:** Falls Pancakes übrig bleiben, diese am nächsten Tag in kleine Stücke schneiden und in veganer Butter nach Kaiserschmarrn-Art anbraten und mit Heidelbeerjoghurt oder Zucker und Zimt servieren.

VEGAN

# Blaue Waldbeerentarte

**Ergibt:** 1 Tarte (28 cm ø)
45 Minuten Zubereitungszeit
12 Minuten Backzeit
1 Stunde Kühlzeit

## FÜR DEN TEIG

- 225 g Weizenmehl (Type 405)
- 50 g gemahlene Mandelkerne
- 65 g Puderzucker
- 125 g pflanzliche Butter, plus etwas mehr zum Fetten sowie 75 g für die Füllung, weich
- 1 ½ TL Apfelmark (alternativ ein Eigelb, dann nicht mehr vegan)
- 1 TL Vanillesalz

## FÜR DIE FÜLLUNG

- 1 Pck. Vanillepuddingpulver
- 300 ml pürierte Blaubeeren, plus 24 Stück zum Dekorieren
- 50 g weißer Rohrzucker

## ZUM DEKORIEREN

- 5 Brombeeren, halbiert
- 24 Pinienkerne
- 2 Walnusskerne, geviertelt

So simpel und einfach, aber wahnsinnig effektvoll, denn mit Beeren und Nüssen, die man im Wald findet, kann man herrlich dekorieren. Sammelt man eine größere Menge Beeren, bieten sie sich als Füllung an – alternativ kann man aber jederzeit Tiefkühlware nutzen.

Den Backofen auf 170 °C (Ober-/Unterhitze) vorheizen. Für den Teig die Zutaten mit den Knethaken des Rührgerätes oder mit den Händen verkneten und kurz ruhen lassen. Eine Tarteform (28 cm ø) fetten und den Teig am Boden und am Rand dünn andrücken. Mit der Gabel kleine Luftlöcher in den Boden stechen. 12 Minuten vorbacken, aus dem Ofen nehmen und auskühlen lassen.

Für die Füllung den Vanillepudding nach Packungsanleitung zubereiten, nur als Flüssigkeit die pürierten Heidelbeeren nutzen und die oben angegebene Zuckermenge verwenden. Die restlichen 75 g der Butter unter den noch heißen Blaubeerpudding rühren. Die Füllung auf den gebackenen Boden geben und abkühlen lassen.

Die übrigen Blaubeeren waschen, abtrocknen und zusammen mit den Pinienkernen, den Brombeerhälften und den Walnussvierteln dekorativ auf der Tarte anrichten.

GLUTEN FREI

Anstelle von 225 g Weizenmehl 205 g helle glutenfreie Mehlmischung (z. B. Kuchenmix von Schär) nutzen und 1 TL Flohsamenschalenpulver zugeben.

GLUTEN FREI

# Waldbeer-Milchreiskuchen

**Ergibt:** 1 Kuchen
(15 cm ø, ca. 8 Stücke)
45 Minuten Zubereitungszeit
10 plus 30 Minuten Backzeit
1 ½ Stunden Kühlzeit

### FÜR DEN TEIG

- 100 g Haferkekse (bei Bedarf glutenfrei)
- 50 g pflanzliche Butter, plus etwas mehr zum Bestreichen der Form

### FÜR DIE FÜLLUNG

- 100 g Milchreis
- 400 ml Mandelmilch
- 1 Prise Salz
- 2 EL Ahornsirup (oder Honig)
- 1 Ei (Größe M)
- 50 ml pflanzliche Sahne (oder Schlagsahne)

### FÜR DAS TOPPING

- 2 EL Waldbeeren nach Wahl
- 2 EL weißer Rohrzucker
- 1 EL Stärke

Milchreis ist das Soulfood schlechthin. Warum also die Funde der Spazierrunde nicht gleich als Krönung eines leckeren Milchreiskuchens nutzen? Das ist eine Leckerei, bei der man morgens sammeln gehen, mittags backen und nachmittags genießen kann.

Für den Boden die Haferkekse in einer Tüte mit dem Teigroller feinkrümelig zerdrücken. Die pflanzliche Butter in einem kleinen Topf schmelzen und mit den Kekskrümeln vermischen. Eine kleine Springform (15 cm ø) fetten und die Kekskrümel darin fest am Boden andrücken. Alternativ einen Tortenring auf 15 cm einstellen und auf ein Backblech mit Backpapier setzen, die Kekskrümel dann im Tortenring andrücken. Den Backofen auf 180 °C (Ober-/Unterhitze) vorheizen und den Boden für 10 Minuten vorbacken. Den Ofen nicht ausschalten.

Den Reis abspülen und abtropfen lassen. Die Mandelmilch in einem schweren Topf aufkochen und mit dem Salz und dem Ahornsirup vermischen. Den Reis hinzugeben und bei geringer Temperatur in etwa 25 Minuten einkochen. Abkühlen lassen. Das Ei trennen und das Eiweiß mit den Schneebesen des Rührgerätes steif schlagen. Das Eigelb und die Sahne unter den Milchreis rühren, das geschlagene Eiweiß unterheben. Nun die Füllung auf den Krümelteigboden geben und auf mittlerer Schiene im vorgeheizten Backofen für 30 Minuten backen. Herausnehmen und abkühlen lassen.

Für das Topping die Beeren waschen und mit dem Zucker und 100 ml Wasser in einen kleinen Topf geben. Kurz aufkochen. Die Stärke zufügen und gut verrühren, nochmals aufkochen und dann die Beerenmischung esslöffelweise auf den Kuchen geben.

VEGAN Statt dem Ei aus Ei-Ersatzpulver nach Anleitung die entsprechende Menge zubereiten und eine Honigalternative nutzen.

# Waldbeer-Biskuitrolle

Einem fluffigen Biskuitteig mit frischer Beerencreme kann ich einfach nicht widerstehen. Ich habe die Biskuitrolle glutenfrei gebacken, aber sie funktioniert natürlich auch mit Weizenmehl. In diesem Fall ist die Deco-Roll-Technik mit dem Muster auf dem Biskuitteig genutzt worden.

**Ergibt:** 8–10 Scheiben
1 Stunde Zubereitungszeit
15 Minuten Backzeit
12 Stunden Kühlzeit

## FÜR DEN TEIG

- 5 Eier (Größe M)
- 100 g Puderzucker, gesiebt
- 80 g Weizenmehl (Type 405)
- 25 g Speisestärke
- 10 g Backpulver
- 1 Prise Salz
- je 1 Msp. rote, lila und grüne Lebensmittelfarbe

## FÜR DIE FÜLLUNG

- 250 g Magerquark
- 100 g weißer Rohrzucker
- 1 TL Xanthan (oder Sahnesteif)
- 200 g Schlagsahne
- 200 g Waldbeeren, gemischt
- 150 g Beerenaufstrich (ohne Stücke)

GLUTEN FREI — Statt Weizenmehl und Stärke 120 g glutenfreie Mehlmischung (z. B. Kuchenmix von Schär) verwenden.

Für den Teig ein Backblech mit Backpapier exakt auslegen, die Ränder scharf umknicken, sodass das Papier flach liegt. Den Backofen auf 180 °C (Ober-/Unterhitze) vorheizen. Die Eier trennen. Das Eiweiß mit 50 g des Puderzuckers steif schlagen. Das Eigelb mit dem restlichen Puderzucker mit einem Schneebesen schaumig rühren. Nun das Mehl, die Stärke mit dem Backpulver und dem Salz mischen und zusammen mit dem Eischnee unter die Eigelbmasse heben. Vorsichtig gleichmäßig verrühren.

Nun je 1–2 EL der Teigmasse abnehmen und mit den verschiedenen Farben einfärben. Diese in drei kleine Spritztüten füllen, jeweils die Spitze entfernen und kleine Beeren mit Blättern auf das Backpapier spritzen. Die restliche Teigmasse über die aufgespritzten Beeren geben und vorsichtig glatt streichen. Für 13–15 Minuten backen. Teig samt Papier vom Backblech ziehen und ein Küchentuch darüberlegen. Stürzen und das Backpapier vorsichtig abziehen. Die Beeren sind nun zu sehen. Ein weiteres Küchentuch darüberlegen und den Teig wieder umdrehen, sodass die Beerenseite unten liegt. Samt dem Küchentuch, das unten liegt, einrollen und abkühlen lassen.

Für die Füllung den Magerquark und den Zucker verrühren. Die Schlagsahne mit dem Xanthan aufschlagen und unter den Quark rühren. Die Beeren unterheben. Den Teig wieder entrollen und mit dem glatt gerührten Beerenaufstrich bestreichen. Die Creme daraufgeben und verteilen. Dabei den seitlichen und vorderen Rand freilassen. Den Teig samt Creme aufrollen, in Frischhaltefolie wickeln und über Nacht in den Kühlschrank stellen. Zum Servieren die unschönen Ränder entfernen und die Rolle in Scheiben schneiden.

VEGAN Ein Rezept für veganes Biskuit findet ihr im hinteren Rezeptteil unter »Vegane Grundrezepte«. Für die Füllung einen veganen Pudding aus 250 ml Mandelmilch, 50 g weißem Rohrzucker und 1 Pck. Vanillepuddingpulver kochen. 150 g pflanzliche Butter und die Beeren unterheben, vor dem Füllen 2 Stunden abkühlen lassen.

GLUTEN FREI

# Waldbeer-Vanille-Macarons

**Ergibt:** 20–24 Macarons
1 ¼ Stunden Zubereitungszeit
13 Minuten Backzeit
2 Stunden Kühlzeit

## FÜR DIE MACARONS

- 71 g Eiweiß
- 20 g feiner Zucker
- 87 g gemahlene Mandelkerne
- 150 g Puderzucker
- 5 g gefriergetrocknete Waldbeeren
- je 1 Msp. Lebensmittelfarbe Himbeerrot und Violett in Pulverform (ergibt Beerenfarben)

## FÜR DIE FÜLLUNG

- 50 g süße Sahne
- 100 g weiße Schokolade, grob zerkleinert
- ½ EL gemahlene Vanilleschote
- etwas Essig zum Säubern der Geräte

VEGAN Ein Rezept für vegane Macarons findet ihr im hinteren Rezeptteil unter »Vegane Grundrezepte« (dabei bitte die geänderten Backzeiten beachten). Für die Füllung statt Schlagsahne die gleiche Menge Rahm von Kokosmilch oder Kokoscreme nutzen.

Macarons, vor allem fruchtige Sorten mit einer vanilligen Füllung, sind ein echtes Highlight. Hier werden gefriergetrocknete Waldfrüchte genutzt. Ihr könnt bei den Aromen variieren und z. B. auch nur Himbeeren verwenden.

Alle Zutaten grammgenau abwiegen und auf Zimmertemperatur bringen. Zwei Backbleche mit Backpapier exakt auslegen. Die Rührbesen und die Schüssel der Küchenmaschine mit Essig abreiben, das Eiweiß in die Schüssel geben und aufschlagen. Wenn es anfängt, weißen Schaum zu bilden, den Zucker fein einrieseln lassen. Weiter schlagen. Kurz vor dem Ende die Lebensmittelfarbe einrieseln lassen.

Währenddessen die Mandeln, den Puderzucker und die Trockenfrüchte in einem Blitzhacker gemeinsam vermahlen und durch ein feines Sieb streichen. Wenn das Eiweiß sehr fest ist, erkennbar am flockigen Schaum, die trockenen Zutaten auf drei Portionen jeweils vorsichtig mit einem großen Löffel unterheben. Nicht zu stark rühren. Die Masse ist am Ende zähflüssig. Diese in einen Spritzbeutel mit einer Lochtülle (7 mm) füllen und mit etwas Abstand kleine runde Häufchen auf die Backbleche spritzen. Nun von unten mit der Hand vorsichtig gegen das Blech schlagen, damit die Luftbläschen entweichen.

An der Luft für 1 Stunde trocknen, bis die Oberfläche sich fest anfühlt. In der Zwischenzeit den Ofen auf 150 °C (Ober-/Unterhitze) vorheizen. Die Macarons etwa 13 Minuten backen. Sofort aus dem Ofen nehmen und vollständig abkühlen lassen, bevor sie vom Backpapier genommen werden.

Für die Füllung die Sahne erhitzen und über die weiße Schokolade geben. Die gemahlene Vanilleschote dazugeben. Gut umrühren, bis keine Klümpchen mehr zu sehen sind. Die Ganache in eine Spritztüte füllen und für 1–2 Stunden bei Raumtemperatur abkühlen lassen. Jeweils zwei zusammenpassende Macarons aussuchen, die Spitze der Spritztüte abschneiden und auf eine Hälfte eine kirschgroße Menge Ganache spritzen, die zweite Hälfte aufsetzen und leicht andrehen. Im Kühlschrank kühlen.

GLUTEN FREI
VEGAN

# Rotklee-Pancakes

Für alle Flower-Power-Fans und für den großen Überraschungseffekt am Frühstücksbüfett empfehle ich diese Pancakes. Sie werden dekorativ mit Rotkleeblüten hergestellt, welche man an Waldrändern findet. Eine leichte Honignote schwingt hier mit.

**Ergibt:** 4 Portionen
15 Minuten Zubereitungszeit
2–3 Minuten Backzeit

## ZUTATEN

- 1–2 EL Sonnenblumenöl zum Braten
- 100 g Hafermehl (bei Bedarf glutenfrei)
- 50 g gemahlene Mandelkerne
- 50 g Buchweizenmehl
- 1 EL Flohsamenschalenpulver
- 2 EL Matchateepulver oder Spinatpulver (optional)
- 1 große überreife Banane
- 350 ml Mandelmilch
- 2 EL weißer Rohrzucker
- 1 EL Ahornsirup (oder Zuckerrübensirup)
- 1 Prise Salz
- 2 EL gehackte Rotkleeblüten, plus 10 ganze Blüten zum Mitbacken

In eine große beschichtete Pfanne etwas Sonnenblumenöl zum Braten geben.

Das Hafermehl mit den Mandelkernen und dem Buchweizenmehl sowie dem Flohsamenschalenpulver und dem Matchatee vermischen. In einer zweiten Schüssel die Banane zerdrücken und mit der Mandelmilch, dem Zucker, dem Sirup, dem Salz und den gehackten Rotkleeblüten glatt rühren. Die Mehlmischung mit einem Schneebesen unterrühren.

Je eine Kelle in die schon heiße Pfanne geben und je eine Blüte leicht in den Teig drücken. Damit die grüne Farbe erhalten bleibt, nur von unten backen, nicht wenden und einen Deckel auf die Pfanne geben.

GLUTEN FREI VEGAN

# Milchreis mit Waldblütenzucker

**Ergibt:** 3 Portionen
30 Minuten Zubereitungszeit
1 Stunde Kühlzeit
3 Tage für die Herstellung des Blütenzuckers

Ein besonders hübscher Augenschmaus ist dieser Milchreis mit farbigem Blütenzucker. Er ist schnell zubereitet, und für den Blütenzucker kann man sich aus dem Vorratsschrank bedienen. Hierfür benötigt man jeweils nur fünf bis zehn Blüten, um eine kleine Menge zum Dekorieren und Würzen herzustellen.

## FÜR DEN BLÜTENZUCKER

- 1 Dolde Holunderblüten, davon die einzelnen Blüten
- 10 Weidenröschenblüten
- 10 Veilchenblüten
- 3 EL weißer Rohrzucker

## FÜR DEN MILCHREIS

- 125 g Milchreis
- 500 ml Mandelmilch
- 1 Prise Salz
- 1 EL Ahornsirup (oder eine andere Honigalternative)
- 2 Scheiben Mango, geschält
- 1 Kiwi, geschält und in Scheiben geschnitten
- 5 Erdbeeren, in Scheiben

Zunächst den Blütenzucker vorbereiten, falls noch nicht vorrätig. Dazu die frischen, abgeschüttelten Blüten mit je 1 EL Zucker im Mörser fein zerreiben. Auf einem Teller ausbreiten und 2–3 Tage trocknen lassen. Nochmals im Mörser die Klümpchen zerreiben und dann verwenden oder in ein dunkles kleines Glas füllen zur Bevorratung.

Den Reis abspülen und abtropfen lassen. Die Mandelmilch in einem schweren Topf aufkochen und mit dem Salz und dem Ahornsirup vermischen. Den Reis hinzugeben und bei geringer Temperatur in etwa 25 Minuten einkochen lassen.

In der Zwischenzeit das Obst vorbereiten. Dazu aus den Mangoscheiben, den Kiwischeiben und den Erdbeeren kleine Herzen ausstechen. Wenn der Milchreis fertig ist, davon je 2–3 EL in drei Gläser geben. Dann die Herzen jeweils von innen an das Glas drücken und den restlichen Milchreis löffelweise einfüllen. Etwas abkühlen lassen und zum Servieren farblich passend mit dem Blütenzucker bestreuen. Ich habe bei den Erdbeeren Veilchenblütenzucker, bei den Mangos Weidenröschenzucker und bei den Kiwis Holunderblütenzucker genutzt.

GLUTEN FREI

# Brennnessel-Zitronenschnitten

**Ergibt:** 10–12 Schnittchen
45 Minuten Zubereitungszeit
18 Minuten Backzeit
2 Stunden Kühlzeit

## ZUTATEN

- 50 g Brennnesselblätter, möglichst jung, plus einige Blätter für die Deko

## FÜR DEN TEIG

- 75 g Hafermehl (bei Bedarf glutenfrei)
- 30 g gemahlene Mandelkerne
- 25 g Buchweizenmehl
- 35 g weißer Rohrzucker
- 1 Prise Salz
- 45 g Marzipanrohmasse
- 50 g pflanzliche Butter, zerlassen

## FÜR DIE FÜLLUNG

- 150 g weiße Schokolade
- 150 g Lemon-Curd (klassisch oder vegan)

VEGAN Ein Rezept für veganen Lemon-Curd findet ihr im Kapitel »Vegane Grundrezepte«.

Fruchtiges Zitrusaroma trifft krautige Frische. Diese handlichen Brennnessel-Zitronenschnitten sind gut für unterwegs und halten sich wie Kekse etwa zwei Wochen. Beim Ernten der Brennnesseln unbedingt Handschuhe tragen.

Die Brennnesselblätter flach auf einer Arbeitsfläche ausbreiten und Backpapier darüberlegen. Mehrmals mit einer Teigrolle darüberfahren, sodass die Stacheln »unschädlich« gemacht werden. Die Blätter in einen Blitzhacker geben und fein hacken. Anschließend pürieren, sodass eine grüne Masse entsteht.

Für den Teig alle Zutaten mit den Knethaken eines Rührgerätes verkneten, den Teig zu einer Kugel formen und für 30 Minuten kalt stellen. Den Backofen auf 180 °C (Ober-/Unterhitze) vorheizen. Den Teig auf einer mit Mehl bestaubten Fläche 1 cm dick zu einem Rechteck ausrollen. Dieses auf ein mit Backpapier ausgelegtes Blech legen. Mit einer Gabel mehrmals einstechen. 18 Minuten auf mittlerer Schiene backen. Herausnehmen und abkühlen lassen.

Für die Füllung die weiße Schokolade über dem Wasserbad schmelzen. Mit dem Lemon-Curd vermischen und die Masse für 30 Minuten abkühlen lassen. Auf dem vorgebackenen Teig verteilen, glatt streichen und eine Stunde durchziehen lassen. Mit einem scharfen Messer in kleine Vierecke schneiden.

Als Deko kleine Brennnesselblätter flach ausbreiten, kurz mit einer Teigrolle darüberrollen und auf die Kuchenstücke verteilen.

VEGAN

# Brennnesselknäcke

Hier kommt ein süßes und würziges Knäckebrotrezept, das mit einem hübschen Brennnesselblatt dekoriert ist. Es können aber auch andere Sommerkräuter verwendet werden. Ich fand die längliche Form der großen Brennnesselblätter so passend für die ebenfalls länglichen Knäckebrote. Einen extra Crunch gibt es durch den Hagelzucker und die Pistazien.

**Ergibt:** ca. 20 Knäckebrote
30 Minuten Zubereitungszeit
14 Minuten Backzeit
20 plus 45 plus 20 Minuten Gehzeit

## ZUTATEN

- 15 große längliche Brennnesselblätter

## FÜR DEN TEIG

- 1 Pck. Trockenhefe
- 2 EL Zuckerrübensirup
- 250 g Weizenmehl (Type 405), plus etwas mehr zum Bearbeiten
- 250 g Roggenmehl
- 20 g pflanzliche Butter, weich
- 1 TL Salz

## ZUM DEKORIEREN

- 3 EL Hagelzucker
- 2 EL Pistazienkerne, gehackt
- 2 EL Kardamom, grob zerstoßen
- 3 EL Pflanzensahne

Die vorsichtig geernteten Brennnesselblätter vor dem Backen 1 Stunde flach pressen. Dazu auf ein Blech legen, die Blätter mit einem Bogen Backpapier andrücken und mit Büchern beschweren.

Für den Vorteig die Trockenhefe in 250 ml lauwarmem Wasser zusammen mit dem Zuckerrübensirup und 2 EL vom Weizenmehl auflösen und für 20 Minuten gehen lassen. Die beiden Mehlsorten mischen und mit der Butter und dem Salz grob vermengen. Nun den Vorteig dazugeben und alles zu einem glatten Teig kneten. Für 45 Minuten gehen lassen.

Den Backofen auf 200 °C (Ober-/Unterhitze) vorheizen. Den Teig auf einer bemehlten Arbeitsfläche 5 mm dick ausrollen. Mit der Gabel mehrmals einstechen. Nochmals 20 Minuten gehen lassen. Nun den Hagelzucker, die Pistazienkerne und den Kardamom auf dem Teig verteilen und mit einer Teigrolle etwas andrücken. Mit Pflanzensahne bepinseln und die Brennnesselblätter auflegen. Mit einem Messer etwa 20 Rechtecke zuschneiden und auf das Backblech legen. Für 14 Minuten auf der unteren Schiene backen. Herausnehmen und abkühlen lassen.

GLUTEN FREI

Anstelle von den insgesamt 500 g Mehl 450 g helle glutenfreie Mehlmischung (z. B. Mix Brot von Schär) nutzen. Dann zusätzlich 1 EL Zuckerrübensirup und 50 ml Wasser verwenden.

# Moostörtchen

**Ergibt:** 1 Törtchen (14 cm ø, ca. 8 Stücke)
50 Minuten Zubereitungszeit
1 Stunde Backzeit
30 Minuten Kühlzeit

Dies ist mein absolutes Lieblingsrezept im Buch! Man kann mit verschiedenen Zutaten einen Teig herrlich grün einfärben. Normalerweise nehme ich Brennnesselpulver, aber mit frischem Spinat funktioniert es genauso gut, und man schmeckt es nicht heraus. Es werden zwei Handvoll Wildheidelbeeren benötigt.

## FÜR DEN TEIG

— 130 ml Sonnenblumenöl, plus etwas mehr für die Form
— 200 g Weizenmehl (Type 405), gesiebt, plus etwas mehr zum Bemehlen der Form
— 300 g ungewürzter TK-Spinat, aufgetaut
— Saft von ½ Zitrone
— 2 EL Apfelmark
— 220 g weißer Rohrzucker
— 1 TL Backpulver
— 1 Prise Salz

## FÜR DIE FÜLLUNG

— 150 g Wildheidelbeeren, gewaschen, plus 1 Handvoll zum Dekorieren
— 2 EL Stärke
— 300 g Doppelrahm-Frischkäse
— 100 g Puderzucker
— 100 g weiße Schokolade

## ZUM DEKORIEREN

— 1 Handvoll Rosmarinnadeln

Zutaten auf Zimmertemperatur bringen. Eine Springform (20 cm ø) ölen und bemehlen. Den Backofen auf 180 °C (Ober-/Unterhitze) vorheizen. Spinat abtropfen lassen, mit dem Zitronensaft beträufeln, pürieren. Das Apfelmark mit dem Zucker cremig schlagen. Weiter schlagen, nach und nach das Öl hinzugeben. Mehl, Backpulver und Salz hinzugeben und unterheben. Anschließend den Spinat unterheben. Den Teig in die Form füllen und für 50–60 Minuten auf mittlerer Schiene backen (ggf. Stäbchenprobe machen). Herausnehmen und komplett abkühlen lassen.

Für die Beerenfüllung die Wildheidelbeeren in einen beschichteten Topf geben, 1–2 EL Wasser hinzufügen und erwärmen. Bevor es kocht, etwas Flüssigkeit abnehmen, die Stärke damit verquirlen und in die Beerenmasse einrühren. Abkühlen lassen. Für die Creme den Frischkäse mit dem Puderzucker glatt rühren. Die weiße Schokolade in einer Tasse im Wasserbad schmelzen und zur Frischkäsemischung geben, glatt rühren.

Nun wird das Törtchen zusammengesetzt. Dazu den gebackenen Boden zweimal waagerecht durchschneiden. Den oberen Teil zerkrümeln. Dann eine Schüssel oder Schablone (14 cm ø) auflegen und mit dem Messer beide Böden ausschneiden. Die Ränder ebenfalls zerbröseln. Zu dunkel gebackene Krümel aussortieren. Auf dem unteren Boden 2 EL Creme verstreichen. Die Hälfte der Heidelbeermasse auftragen, glatt streichen. Noch mal 2 EL Creme auftragen und verstreichen. Den zweiten Boden aufsetzen und ebenfalls 2 EL Creme, 1 Hälfte Heidelbeermasse und 2 EL Creme verfahren. Die restliche Creme auf Oberseite und Rand verstreichen. Nun oben und ringsherum die zerbröselten Krümel aufbringen, sodass keine Creme mehr zu sehen ist. Auf der Oberseite die frischen Heidelbeeren kreisförmig dekorieren, die Rosmarinblätter hinzufügen und die Torte für mindestens 30 Minuten kühl stellen.

GLUTEN FREI Das Weizenmehl mit 180 g glutenfreier Mehlmischung ersetzen (z. B. Kuchenmix von Schär) und 1 EL Flohsamenschalenpulver zugeben.

VEGAN Den Frischkäse mit veganer Streichcreme auf Mandelbasis ersetzen.

GLUTEN FREI

# Waldkräutersablés

Diese sehr einfachen Kekse brauchen nichts als kleine Blüten und grüne Blättchen, um das Auge zu erfreuen. In meiner Sprache sind das Flower-Cookies (also mit jeglichen Blüten herstellbar). Diese hier sind durch den herben Teig gut für frühlingsfrische Kräuter geeignet. Man braucht ein bis zwei Handvoll möglichst kleinblättrige Kräuter.

**Ergibt:** 2 Bleche
30 Minuten Zubereitungszeit
je 10 Minuten Backzeit
1 Stunde Kühlzeit

## ZUTATEN

- 1–2 Handvoll Waldkräuter (z. B. Brennnessel, Vogelmiere, Giersch, Löwenzahnblätter, Gänseblümchen oder Veilchen)
- 80 g gesalzene Butter, gewürfelt
- 70 g Puderzucker
- 90 g Buchweizenmehl, plus etwas mehr für die Arbeitsfläche
- 40 g Reismehl
- 50 g gemahlene Mandelkerne
- 1 EL Backpulver
- 1 TL Flohsamenschalenpulver
- 1 TL Abrieb von 1 unbehandelten Zitrone
- 1 Eigelb

Die Waldblüten und -kräuter etwas ausschütteln und auf ein Stück Frischhaltefolie legen, dieses darüberklappen und mit etwas beschweren, sodass die Blüten flach gepresst werden. Dabei aufpassen, dass sie nicht knicken. Etwa 30 Minuten ruhen lassen.

Für den Teig aus den restlichen Zutaten mit den Knethaken des Rührgerätes einen Mürbeteig herstellen, diesen flach drücken und für 1 Stunde abgedeckt im Kühlschrank ruhen lassen. Herausnehmen und auf einer mit Mehl bestaubten Arbeitsfläche etwa 5 mm dick ausrollen. Den Backofen auf 180 °C (Unterhitze) vorheizen (Unterhitze deshalb, weil die oben aufliegenden Kräuter dadurch nicht verbrennen).

Auf dem ausgerollten Teig mit einem runden Keksausstecher Kreise vormarkieren. Die flach gepressten Kräuter in den Kreisen hübsch anordnen und auf dem feuchten Teig vorsichtig andrücken. Die Blätter sollten möglichst flach anliegen. Nun mit einem Teigroller leicht andrücken. Die Kreise nun ganz ausstechen und vorsichtig auf das mit Backpapier ausgelegte Blech legen. Für 9–10 Minuten backen, herausnehmen und abkühlen lassen.

VEGAN Pflanzliche Butter verwenden, ½ TL Meersalz beifügen und anstelle von 1 Ei 1 TL Apfelmark verwenden.

GLUTEN FREI VEGAN

# Wildwurzelkaffee

> In früheren Zeiten wurde Kaffee gern aus den Wurzeln verschiedener Pflanzen hergestellt. Allen voran sagt man dem Löwenzahn muntermachende Eigenschaften zu. Noch dazu ist ein Kaffee aus Löwenzahnwurzeln regional und saisonal. Probiert es gern mal aus!

**Ergibt:** 2–3 Tassen
30 Minuten Zubereitungszeit
24 Stunden Trockenzeit

## ZUTATEN

— 10 Löwenzahnwurzeln
— 1 TL weißer Rohrzucker

Die Wurzeln von 10 Löwenzahnpflanzen ausstechen, zum Beispiel mithilfe eines Unkrautstechers oder einer Schaufel. Vom Grün befreien und gut waschen. Es sollte kein Sand mehr daran haften. Nun die Wurzeln in dünne Scheibchen schneiden und auf einem Backblech ausbreiten. Für 24 Stunden trocknen lassen, alternativ im Backofen bei 40 °C (Ober-/Unterhitze) für 2–3 Stunden trocknen lassen.

Nun die Wurzelstücke ohne Fett in der Pfanne bei niedriger Temperatur rösten und einen Teelöffel Zucker dazugeben. Abkühlen lassen. Wenn die Wurzeln trocken und abgekühlt sind, in einem Mörser grob mahlen.

Für den Genuss eines Löwenzahnkaffees pro Tasse 1–2 TL gemahlene Wurzeln mit heißem Wasser überbrühen, 1 Minute ziehen lassen und durch ein Sieb abgießen. Mit Mandelmilch genießen.

VEGAN

# Beerige Waldblütenkekse

Wenn im Winter keine frischen Blumen mehr zur Verfügung stehen, greife ich gern auf getrocknete Blüten zurück. Hier habe ich herbere Blüten mit viel Eigengeschmack gewählt, die die liebliche Süße der frischen Beeren unterstreichen (im Winter nutze ich TK-Ware). So kann man das ganze Jahr über Wildflower-Cookies genießen und dabei von Waldspaziergängen träumen.

**Ergibt:** 2–3 Bleche,
ca. 25 Doppelkekse
45 Minuten Zubereitungszeit
10 Minuten Backzeit
1 Stunde Kühlzeit

## FÜR DEN TEIG

- 250 g Weizenmehl (Type 405), plus etwas mehr zum Bestauben
- 50 g gemahlene Mandelkerne
- 70 g Puderzucker, plus 100 g für die Füllung, gesiebt
- 1 EL Abrieb von 1 unbehandelten Zitrone
- 110 g pflanzliche Butter, kalt und gewürfelt, plus 130 g, weich
- 1 EL Apfelmark
- 2 EL getrocknete, zerkleinerte Blüten aus dem Wald (z. B. Erika, Mädesüß, Weidenröschen)
- 1 TL Fleur de Sel

## FÜR DIE FÜLLUNG

- 50 g gemischte Beeren (z. B. Brombeeren und Himbeeren)

Aus dem Mehl, den Mandeln, dem Puderzucker, dem Zitronenabrieb, der kalten Butter, dem Apfelmark, den kleinen Blüten und dem Salz mit den Knethaken des Rührgerätes rasch einen Mürbeteig kneten und diesen für 1 Stunde kalt stellen. Den Backofen auf 180 °C (Ober-/Unterhitze) vorheizen.

Den Teig auf einer mit Mehl bestaubten Arbeitsfläche etwa 3 mm dick ausrollen und mit runden Ausstechern oder Blütenformen Kekse ausstechen. Diese auf ein mit Backpapier ausgelegtes Blech legen. Bei der Hälfte der Kekse in der Mitte ein kleines Loch ausstechen, z. B. mit der offenen Seite der Lochtülle. Für 10 Minuten backen, auskühlen lassen.

Für die Füllung die Beeren waschen und mit einer Gabel zerdrücken, ggf. pürieren. Mit den restlichen 100 g des Puderzuckers und 130 g der weichen Butter verrühren. Die Masse in einen Spritzbeutel mit Sterntülle füllen und für 30 Minuten abkühlen lassen, bis die Masse einigermaßen pastös ist. Dann die durchgängigen Kekse jeweils mit einer walnussgroßen Menge versehen und die Kekse mit dem Loch aufsetzen und andrücken.

**Tipp:** Getrocknete Waldblüten gibt es fertig zu kaufen. Frisch gesammelte Blüten vor der Verwendung 2 Tage ausgebreitet trocknen lassen.

GLUTEN FREI

Anstelle von Weizenmehl 225 g glutenfreie Mehlmischung (z. B. Kuchenmix von Schär) verwenden und 1 gestr. TL Xanthan hinzufügen. Zusätzlich 1 EL Apfelmark zugeben.

GLUTEN FREI VEGAN

# Preiselbeer-Cookies

Preiselbeeren zu finden ist ein Glück. Ihr benötigt für diese Cookies nur eine Handvoll getrocknete bzw. zwei Handvoll frische Preiselbeeren. Preiselbeeren passen toll zu süßen Teigen mit Schokolade. Hier habe ich Kastanienmehl dazu kombiniert. Herausgekommen sind softe und fruchtige Cookies.

**Ergibt:** 2 Bleche, 16–18 Cookies
15 Minuten Zubereitungszeit
je 10 Minuten Backzeit

## ZUTATEN

- 70 g Mandelmus
- 50 ml Mandelmilch
- 90 g Vollrohrzucker
- 100 g Kastanienmehl
- 50 g Haferflocken (bei Bedarf glutenfrei)
- 1 EL Natron
- 1 EL Flohsamenschalenpulver
- 1 Prise Salz
- 60 g Schoko-Chunks (alternativ grob gehackte Schokolade)
- 60 g Preiselbeeren, getrocknet oder frisch (alternativ getrocknete Cranberries)

Den Backofen auf 190 °C (Ober-/Unterhitze) vorheizen und zwei Backbleche mit Backpapier auslegen.

Das Mandelmus mit der Mandelmilch und dem Vollrohrzucker verquirlen. Das Kastanienmehl, die Haferflocken, das Natron, das Flohsamenschalenpulver und das Salz vermischen und mit einem Löffel unter die Mandelmusmasse rühren. Nun die Schokostücke und die Preiselbeeren unterheben.

Mit einem Teelöffel kleine Häufchen auf den Backblechen verteilen, dabei ausreichend Abstand lassen. Für 9–10 Minuten auf mittlerer Schiene backen, herausnehmen und auskühlen lassen.

**Tipp:** Statt Preiselbeeren funktionieren auch alle anderen kleinen Beeren, z. B. Holunderbeeren, Brombeeren oder Heidelbeeren. Wer kein Kastanienmehl im Haus hat, nutzt einfach Buchweizenmehl.

# Pflanzenporträts Sommer

Beeren machen mich happy. Ich liebe den fruchtigen Geschmack und die handliche Form. Am besten wandern sie direkt vom Strauch in den Mund, noch während des Spaziergangs – lecker. Im Wald gibt es ziemlich viele Arten von Beeren, im Folgenden stelle ich euch deshalb die bekanntesten vor. Die Brennnessel hat es auch in diesen Abschnitt geschafft, da sie im frühen Sommer am besten schmeckt. Lest hier, was die einzelnen Pflanzen auszeichnet und wofür ihr Blüten, Blätter und Beeren verwenden könnt.

## WALDERDBEEREN

**Erntezeit:** Juli–August

**Merkmal:** Niedrige Pflanzen, meist an Wegrändern im Wald. Blätter sehen aus wie die von Gartenerdbeeren, nur kleiner, Früchte ebenfalls viel kleiner und aromatischer.

**Verwendung:** frische Beeren

**Rezeptidee:** Walderdbeertörtchen

## HOLUNDERBEEREN

**Erntezeit:** August–September

**Merkmal:** Dunkle, fast schwarze kleine Beeren an hängenden Dolden. Wenn die Stiele der Dolden rötlich sind und leicht abgehen, sind sie reif.

**Verwendung:** frische Beeren, getrocknete Beeren, Kompott, Gelee

**Rezeptidee:** Holunderbeer-Cremeschnitten

## WALDHEIDELBEEREN

**Erntezeit:** August–September

**Merkmal:** Kleine Beeren an bis zu 40 cm großen Sträuchern mit aufrechten Stielen und kleinen eiförmigen Blättern. Blaue Schale und blaues Fruchtfleisch. Die Blüten sind glockig, weiß bis rötlich.

**Verwendung:** frische oder tiefgekühlte Beeren, Marmelade, Saft

**Rezeptidee:** Blueberry-Pie

## WEIDENRÖSCHEN

**Erntezeit:** Juni–August

**Merkmal:** Bis zu 1,40 m hohe Staude mit kahlen Stielen, die oben rötlich werden, und langen, spitz zulaufenden Blättern. Die pinkfarbenen, vierblättrigen Blüten befinden sich traubenartig am Stielende. Zu finden auf Waldlichtungen und an den Rändern von Laub- und Mischwäldern.

**Verwendung:** Blütenzucker, frische Blüten, Saft (siehe Rezept für Fliedersaft Seite 22)

**Rezeptidee:** Milchreis mit Weidenröschenzucker

## PREISELBEEREN

**Erntezeit:** August–September

**Merkmal:** Kleine immergrüne Pflanze mit eiförmigen glänzenden Blättern. Bis zu 40 cm hoch, Beeren etwa 5–10 mm groß mit leicht bitterem Geschmack.

**Verwendung:** frische oder getrocknete Beeren, Marmelade, Kompott

**Rezeptidee:** Würziger Preiselbeer-Gugelhupf

## BRENNNESSELN

**Erntezeit:** Juni–Oktober

**Merkmal:** Bis zu 2 m hohe Pflanze mit grünen behaarten Blättern an eckigen Stielen. Wächst nahezu überall und bildet große Büsche. Die Haare verursachen weiße schmerzhafte Bläschen auf der Haut.

**Verwendung:** Samen geröstet, junge Blätter

**Rezeptidee:** Brennnesselknäcke

# Herbst ist Sammelzeit

## NÜSSE UND WILDFRÜCHTE

121

GLUTEN FREI VEGAN

# Süße Hagebuttensuppe

Früher wurden viel mehr Wildobst und Wildfrüchte zu süßen Speisen verarbeitet. Damit hatte man eine natürliche Vitamin-C-Quelle und darüber hinaus einen wärmenden Snack. Hagebuttenmus ist gut vorzubereiten und kann, wenn man es sorgfältig macht, auch eingekocht werden. Dann steht euch diese Leckerei sogar das ganze Jahr über zur Verfügung.

**Ergibt:** 3 Portionen
45 Minuten Zubereitungszeit
1 ¼ Stunden Kochzeit
15 Minuten Kühlzeit

## FÜR DIE SUPPE

- 1 kg Hagebutten (ergibt 500 g Hagebuttenmus)
- 120 ml frisch gepresster Orangensaft
- 130 g weißer Rohrzucker

## FÜR DIE EINLAGE

- Vanilleeis (bei Bedarf vegan)
- Zwieback (bei Bedarf glutenfrei)

Von den Hagebutten die Stiele und den schwarzen Blütenansatz entfernen. Abspülen und mit Wasser bedeckt in einem Topf etwa 1 Stunde köcheln lassen. Zunächst mit einem Kartoffelstampfer zerdrücken (dabei das Wasser mit im Topf lassen) und anschließend durch ein stabiles feines Sieb streichen.

Das Mus mit dem Orangensaft und dem weißen Rohrzucker vermischen und zum Kochen bringen. Je nach gewünschter Konsistenz mit etwas Wasser verdünnen und bei Bedarf nachsüßen.

Zum Servieren auf den mit Hagebuttensuppe gefüllten Teller eine Kugel Vanilleeis und Bruchstücke von Zwieback geben. Kalt oder lauwarm genießen.

GLUTEN FREI

# Woodland-Cupcakes

**Ergibt:** 12 Cupcakes
1 Stunde Zubereitungszeit
22 Minuten Backzeit
1 Stunde Kühlzeit

## FÜR DEN TEIG

- 125 g pflanzliche Butter, weich, plus 150 g für das Topping
- 125 g Vollrohrzucker
- 1 Prise Salz
- 3 Eier (Größe M)
- 2 EL Kakao
- 200 g Buchweizenmehl
- ½ Pck. Backpulver
- 2 EL (ca. 25 g) Sojajoghurt
- 50 ml Mandelmilch

## FÜR DAS TOPPING

- je 50 g rotes und weißes Fondant
- kleine weiße Zuckerperlen
- 400 g Puderzucker
- 16 g Spinatpulver (oder eine andere natürliche grüne Lebensmittelfarbe)
- 4 EL Reissirup

VEGAN Statt der Eier 1 überreife, fein zerdrückte Banane oder 3 gestr. EL Apfelmark verwenden.

Das Thema Wald habe ich hier optisch umgesetzt und aus Fondant kleine Pilze geformt. Mit der natürlich grün eingefärbten Buttermasse findet ihr zudem eine weitere Möglichkeit, süße Waldgebäcke mit einem grünen Look zu dekorieren. Für viel Oh und Ah an der Kaffeetafel zu empfehlen!

Den Backofen auf 180 °C (Ober-/Unterhitze) vorheizen. Eine 12er-Muffinform entweder mit Papierförmchen bestücken oder im Fall einer Silikonform ohne Papierförmchen bereitstellen. Für den Teig die pflanzliche Butter mit dem Vollrohrzucker und dem Salz schaumig rühren. Die Eier nach und nach dazugeben und gut unterrühren. Den Kakao, das Mehl und das Backpulver vermengen und zusammen mit dem Sojajoghurt und der Mandelmilch unter die Buttermasse rühren. Die Muffinförmchen esslöffelweise mit dem Teig befüllen. Für 22 Minuten auf mittlerer Schiene backen, herausnehmen und abkühlen lassen.

Für die Pilze aus dem roten Fondant 12 kleine Hüte formen, dabei die Unterseite etwas eindrücken. Mit einem Zahnstocher kleine Löcher für die Zuckerperlen markieren. Diese Löcher mit einem feinen Pinsel befeuchten und die Zuckerperlen einsetzen. Aus dem weißen Fondant 12 Pilzstiele formen (gern etwas kugelig) und mit den Hüten zusammensetzen. Dabei die Verbindungsstelle ebenfalls etwas anfeuchten. Pilze beiseitestellen.

Für das Topping die 150 g der weichen pflanzlichen Butter mit den Schneebesen des Rührgerätes schaumig aufschlagen. Den Puderzucker über die Butter sieben, ebenso die grüne Lebensmittelfarbe, und mit den Schneebesen weiterrühren. Danach den Reissirup zugeben und weiterrühren. Die feste Masse in einen Spritzbeutel mit Grastülle geben und etwas mit den Händen weich kneten. Gleichmäßig auf den Muffins verteilen. Bei der gewünschten Länge des Grases aufhören zu drücken und den Spritzbeutel nach oben wegziehen. Die Pilze aufsetzen.

# Cheesecake mit Sanddorn-Curd

Ein Träumchen ist dieser frisch-fruchtige Cheesecake mit Sanddorn-Curd. Zugegebenermaßen ist das Sammeln der Sanddornbeeren etwas aufwendiger und man sollte Handschuhe tragen, aber der Genuss hinterher ist umso größer.

**Ergibt:** 1 Kuchen (ca. 12 Stücke)
1 Stunde Zubereitungszeit
13 plus 50 Minuten Backzeit
12 Stunden Kühlzeit

### FÜR DEN SANDDORNSAFT

- 500 g Sanddornbeeren (ergibt ca. 250 ml Saft)
- 5 EL weißer Rohrzucker

### FÜR DEN TEIG

- 120 g Weizenmehl (Type 405)
- 70 g Weizenvollkornmehl
- 60 g Vollrohrzucker
- 1 TL Zimtpulver
- ½ TL Vanillesalz, plus ½ TL für die Füllung
- ½ TL Natron
- 180 g pflanzliche Butter, weich, plus etwas mehr für die Form sowie 70 g für das Topping

### FÜR DIE FÜLLUNG

- 450 g Frischkäse
- 160 g weißer Rohrzucker, plus 150 g für das Topping
- 3 Eier (Größe M), plus 3 Eigelb für das Topping
- 1 EL Abrieb von 1 unbehandelten Zitrone
- 50 g Sauerrahm

### FÜR DAS TOPPING

- 3 EL Limettensaft

Für den Sanddornsaft die Beeren waschen und zusammen mit 100 ml Wasser und dem Zucker in einen beschichteten Topf geben. Für etwa 12 Minuten köcheln und dann durch ein Sieb streichen.

Den Backofen auf 170 °C (Ober-/Unterhitze) vorheizen. Aus den Zutaten für den Boden mit den Knethaken des Rührgerätes einen krümeligen Teig herstellen und kurz ruhen lassen. Eine Springform (20 cm ø) mit veganer Butter ausstreichen und den Teig am Boden und bis zum oberen Rand dünn andrücken. Mit der Gabel kleine Löcher in den Boden stechen. 13 Minuten vorbacken. Den Boden aus dem Ofen nehmen und sofort mit einem scharfen Messer den Kuchenrand vorsichtig von der Springform lösen, auskühlen lassen.

Den Frischkäse und den Zucker mit einem Schneebesen verrühren. Die Eier nach und nach beifügen. Den Zitronenabrieb zugeben und zuletzt den Sauerrahm unterheben. Nicht zu stark rühren, da sonst zu viel Luft eintritt. Die Füllung auf den vorgebackenen Boden geben. Für 45–50 Minuten auf der unteren Schiene backen. Dabei einen Wasserbehälter (z. B. eine feuerfeste Form, die zu 2 cm mit Wasser gefüllt ist) auf den Boden des Backofens stellen. Der Cheesecake ist fertig gebacken, wenn er beim Schütteln der Form in der Mitte nicht mehr flüssig erscheint. Nach dem Backen den Kuchen sofort mit einem scharfen Messer vom Rand lösen und komplett abkühlen lassen, am besten über Nacht in den Kühlschrank stellen.

Für den Sanddorn-Curd den Sanddornsaft mit dem Limettensaft aufkochen. 150 g Zucker und die 3 Eigelb zugeben, gut verrühren. Auf mittlerer Stufe kochen, bis die Masse sichtbar reduziert ist, etwa 20 Minuten. Die 70 g vegane Butter in Würfeln unterziehen. Etwa 5 Minuten weiterköcheln. Mit dem Löffel prüfen, ob die Konsistenz gut ist – die Flüssigkeit darf nicht mehr schnell verlaufen. Den Curd auf den ausgekühlten Cheesecake auftragen.

VEGAN

Ein Rezept für eine vegane Cheesecake-Füllung findet ihr im hinteren Rezeptteil unter »Vegane Grundrezepte«. Statt Sanddorn-Curd könnt ihr auch eine vegane Fruchtsauce kochen, ebenfalls zu finden im selben Abschnitt.

GLUTEN FREI

Gut eignet sich ein Boden aus 200 g zerkleinerten glutenfreien Haferkeksen, 30 g Vollrohrzucker und 140 g pflanzlicher Butter, abgeschmeckt mit etwas Zimt und Salz.

GLUTEN FREI

VEGAN

# Sanddornbonbons

**Ergibt:** 30–40 Bonbons
45 Minuten Zubereitungszeit
1 Stunde Kühlzeit

## ZUTATEN

- 100 g Sanddornbeeren (ergibt ca. 50 ml Saft)
- 1 EL weißer Rohrzucker, plus 150 g für die Bonbonmasse
- 20 g Reissirup
- 250 g Puderzucker, gesiebt

Wenn ihr beim Spaziergang eine kleine Menge Sanddorn geerntet habt, könnt ihr daraus diese vitaminreichen Bonbons herstellen. Sie sind im Handumdrehen gemacht, und die Methode lässt sich auch gut auf andere Säfte übertragen. Ihr benötigt 100 g Sanddornbeeren, das sind etwa fünf Zweige à 50 cm, die mit Beeren behangen sind – alternativ geht auch fertiger Sanddornsaft.

Für den Sanddornsaft die Beeren waschen und zusammen mit 20 ml Wasser und dem Zucker in einen beschichteten Topf geben. Für etwa 12 Minuten köcheln und dann durch ein Sieb streichen.

Nun den Puderzucker in einen größeren tiefen Teller geben und mit einem Kochlöffelstiel kleine Mulden hineindrücken.

Den Saft mit dem restlichen Rohrzucker und dem Reissirup vermischen und aufkochen, bis die Masse 150 °C erreicht hat. Das prüft man mit einem Zuckerthermometer. Die Masse dann noch 2 Minuten weiterkochen, anschließend mit einem kleinen Löffel in die Mulden des Puderzuckers tropfen und fest werden lassen. Das dauert etwa 1 Stunde. Die Bonbons ringsherum mit Puderzucker bedecken und luftdicht verpacken.

GLUTEN FREI VEGAN

# Waldmüsliriegel

Mit diesem Rezept bekommt ihr ein Grundrezept für Müsliriegel allgemein, denn man kann Nüsse, Beeren, Sirup und Nussmus beliebig variieren. Hier sind auch Bucheckern zum Einsatz gekommen. Holunderbeeren kann man im Dörrapparat oder über zwei bis drei Stunden bei 50 °C im Backofen trocknen, unterstützt durch das Trocknen an der Luft mit mehrmaligem Wenden.

**Ergibt:** 12 Riegel
25 Minuten Zubereitungszeit
15 Minuten Backzeit

## FÜR DEN TEIG

— 70 g Ahornsirup
— 90 g Haselnussmus
— 1 TL Zimtpulver
— 1 Prise Salz
— 40 g gehackte Bucheckern (alternativ Haselnusskerne)
— 40 g gehackte Walnusskerne
— 3 EL Leinsamen
— 3 EL Chiasamen
— 4 EL Quinoa
— 125 g Haferflocken (bei Bedarf glutenfrei)
— 50 g getrocknete Holunderbeeren

Den Backofen auf 170 °C (Ober-/Unterhitze) vorheizen. Eine kleine Backform (25 x 25 cm) mit Backpapier auslegen oder auf einem Blech eine Begrenzung in dieser Größe mittels Alufolie oder Backrahmen herstellen.

Den Ahornsirup mit dem Haselnussmus, dem Zimt und dem Salz in einem beschichteten Topf erhitzen, bis eine gleichmäßige Masse entsteht. Die trockenen Zutaten in einer anderen Schüssel vermischen und zur Sirupmasse geben. Alles mit einem großen Löffel gut verrühren und anschließend in der vorbereiteten Backform andrücken, dabei auf eine glatte Oberfläche achten.

Für 15 Minuten auf mittlerer Schiene backen, herausnehmen und auskühlen lassen. Mit einem scharfen Messer in Riegel schneiden.

**Tipp:** Holunderbeeren kann man trocknen, in dem man reife Beeren (erkennbar am roten Stiel) mit der Gabel von der Dolde abstreift und 2-3 Tage ausgebreitet an der Luft liegen lässt, dabei ab und zu wendet. Bucheckern etwas ohne Fett in einer Pfanne anrösten, um die braune Schale zu entfernen.

# Schokotarte mit Maronencreme

Ergibt: 1 Tarte (à 30 cm ø)
45 Minuten Zubereitungszeit
12 plus 25 Minuten Backzeit
12 Stunden Kühlzeit

## FÜR DEN TEIG

- 225 g Weizenmehl (Type 405)
- 50 g gemahlene Mandelkerne
- 65 g Puderzucker
- 150 g pflanzliche Butter, plus etwas mehr zum Fetten sowie 100 g für die Füllung, weich
- 1 Eigelb (Größe M), plus 2 für die Füllung
- 1 TL Vanillesalz

## FÜR DIE FÜLLUNG

- 200 g gekochte Maronen (aus 300 g frischen Maronen, Zubereitung siehe Seite 170, oder vakuumiert)
- 60 g Vollrohrzucker
- 1 ½ EL Zimtpulver
- 250 g Zartbitterschokolade (70 %), plus etwas mehr zum Dekorieren (optional)
- 250 g Schlagsahne
- 2 EL weißer Zucker
- 1 EL Maisstärke

## ZUM DEKORIEREN

- Ausstechkekse aus Mürbeteig oder Honigkuchenteig (siehe S. 158)
- Pistazienkerne, gehackt (optional)
- diverse essbare Kräuter

Eine Tarte au chocolat als Basis wird mit einer nussigen Maronencreme gekrönt. Damit lässt sich ein hübscher Kuchen zaubern, der mit Kräutern und kleinen Waldfigürchen als Deko den aufwendigeren Törtchen Konkurrenz macht.

Den Backofen auf 170 °C (Ober-/Unterhitze) vorheizen. Aus den Zutaten für den Boden mit den Knethaken des Handrührgerätes oder mit den Händen einen Teig herstellen und diesen kurz ruhen lassen. Eine Tarteform (30 cm ø) fetten und den Teig am Boden und am Rand dünn andrücken. Mit der Gabel kleine Luftlöcher in den Boden stechen. 12 Minuten vorbacken, aus dem Ofen nehmen, auskühlen lassen. Den Backofen nicht ausschalten!

Die Maronen mit dem Pürierstab zusammen mit der weichen Butter, dem Vollrohrzucker und dem Zimt zu einer gleichförmigen Masse pürieren. Die Schokolade grob hacken. Die Sahne vorsichtig in einem Topf erhitzen, aber nicht kochen. Über die gehackte Schokolade gießen und rühren, sodass diese schmilzt. Das Eigelb, den Zucker und die Stärke in die Schokomasse einrühren, bis sie homogen ist.

Zunächst die Maronenfüllung auf dem Boden verstreichen. Die Schokocreme anschließend vorsichtig auf der Maronenfüllung verteilen. Für 25 Minuten auf der unteren Schiene backen. Nach dem Backen abkühlen lassen und mindestens 3 Stunden in den Kühlschrank stellen. Zur Deko aus Mürbeteigresten des Bodens oder aus Honigkuchenteig (siehe Rezept auf Seite 158) Figuren formen und backen. Auf Wunsch mit geschmolzener Schokolade verzieren, ein paar Pistazien drumherum streuen und mit Kräutern dekorieren, sodass ein stimmiges Waldbild entsteht.

GLUTEN FREI Anstelle von 225 g Mehl 200 g helle glutenfreie Mehlmischung (z. B. Kuchenmix von Schär) nutzen und 1 TL Flohsamenschalenpulver zugeben.

VEGAN 250 g Zartbitterschokolade in 250 ml vollfetter Kokosmilch unter vorsichtigem Erwärmen auflösen, 40 g braunen Rohrzucker zugeben und gut verrühren. Auf die Maronencreme geben und im Kühlschrank über Nacht fest werden lassen.

VEGAN

# Babka mit Maronen-Schoko-Füllung

**Ergibt:** ca. 12 Scheiben
45 Minuten Zubereitungszeit
12 Minuten Backzeit
1 Stunde plus 20 Minuten Gehzeit

Eine sehr fluffige Babka mit schokoladig-nussiger Füllung ist Soulfood pur. Am besten genießt man das Gebäck noch warm zu einem schönen großen Milchkaffee. Damit kriegt man auch ein herbstliches Stimmungstief in den Griff.

## FÜR DEN TEIG

- 75 g pflanzliche Butter, plus 100 g für die Füllung, weich
- 250 ml Mandelmilch
- 50 g weißer Rohrzucker
- 500 g Weizenmehl (Type 550), plus etwas mehr zum Bearbeiten
- 1 Pck. Trockenhefe
- 1 EL grob gemahlener Kardamom
- ½ TL Meersalz

## FÜR DIE FÜLLUNG

- 200 g gekochte Maronen (aus 300 g frischen Maronen, Zubereitung siehe Seite 170, oder vakuumiert)
- 50 g Vollrohrzucker
- 1 EL Zimtpulver
- 150 g Zartbitterschokolade

Die pflanzliche Butter und die Mandelmilch vorsichtig erwärmen, bis die Butter geschmolzen ist. Den Zucker einrühren, bis er sich aufgelöst hat. Das Mehl mit der Hefe sowie dem Kardamom und dem Salz mischen. Aus beiden Ansätzen einen Hefeteig mit der Hand oder der Küchenmaschine kneten, bis er nicht mehr klebt. Mit einem Tuch abdecken und 1 Stunde an einem warmen Ort gehen lassen, bis sich das Volumen deutlich vergrößert hat.

In der Zwischenzeit die Füllung vorbereiten. Dazu die gekochten Maronen mit 100 g der weichen pflanzlichen Butter, dem Vollrohrzucker und dem Zimt pürieren. 100 g der Zartbitterschokolade über dem Wasserbad schmelzen und unter die Maronenmasse rühren. Die restliche Schokolade grob hacken und beiseitestellen. Eine Kastenkuchenform mit Backpapier auskleiden.

Den Teig auf einer bemehlten Arbeitsfläche ausrollen, bis ein großes Rechteck (etwa 30 x 40 cm) entstanden ist. Die Füllung darauf verteilen, die gehackte Schokolade darüberstreuen. Nun von der langen Seite her fest aufrollen. Die Rolle längs in der Mitte mit einem scharfen Messer teilen. Man sieht nun die Schichten. Mit der aufgeschnittenen Seite oben die beiden Stränge abwechselnd übereinanderlegen, sodass eine Art Kordel entsteht. Man sieht immer noch die aufgeschnittenen Seiten oben. Diesen »Kordelzopf« in die vorbereitete Backform geben, dabei die Enden zusammenhalten und nach unten drücken.

Den Teig nochmals 20 Minuten gehen lassen. Den Ofen auf 200 °C (Ober-/Unterhitze) vorheizen. Für 45 Minuten backen, herausnehmen und vollständig abkühlen lassen.

GLUTEN FREI Statt 500 g Weizenmehl 480 g Mehlmix Brot von Schär verwenden, gemischt mit 2 TL Xanthan oder Flohsamenschalenpulver und unter Zugabe von 2 Eiern (dann nicht mehr vegan). Die Zuckermenge im Teig auf 100 g erhöhen! Achtung, ein glutenfreier Hefeteig ist nicht ganz ohne, aber einen Versuch wert.

GLUTEN FREI

# Kastanienschnitten

**Ergibt:** 1 Kastenkuchen (25 cm Länge)
30 Minuten Zubereitungszeit
35 Minuten Backzeit

Um das nussige Aroma der Maronen zu unterstreichen, sind süße Begleiter wie Kokos und Kakao bestens geeignet. Daher habe ich diesen glutenfreien Kuchen kreiert, der beides vereint.

## FÜR DEN TEIG

- 200 g gekochte Maronen (zubereitet aus 300 g frischen Maronen, siehe Rezept rechts, oder vakuumiert)
- 100 g pflanzliche Butter, weich, plus etwas mehr für die Form
- 50 g Reismehl, plus etwas mehr für die Form
- 70 g Vollrohrzucker
- 2 Eier (Größe M)
- 50 g Kokosmehl
- 2 TL Backpulver
- 2 EL Kakao
- 3 EL Mandelmilch
- 50 g Walnusskerne, grob gehackt, plus etwas mehr zum Dekorieren

## ZUM DEKORIEREN

- 100 g Zartbitterkuvertüre

Sofern man keine vakuumierte Ware verwendet, die Maronen mit einem scharfen Messer einritzen und im auf 120 °C (Ober-/ Unterhitze) vorgeheizten Backofen auf einem mit Backpapier ausgelegten Blech für 20 Minuten rösten. Herausnehmen und die braune Hülle entfernen. Die verbleibenden Häutchen mit einem Küchentuch abrubbeln. Die Maronen für 15 Minuten in Wasser weich kochen, dann abgießen.

Den Backofen auf 180 °C (Ober-/Unterhitze) vorheizen. Eine Kastenkuchenform (25 cm Länge) mit pflanzlicher Butter ausstreichen und mit Reismehl ausstreuen. Die weiche Pflanzenbutter zusammen mit den gekochten Maronen mit einem Pürierstab fein vermengen. Den Zucker dazugeben und gut vermischen. Die beiden Eier einzeln zufügen und verrühren. Das Reismehl, das Kokosmehl und das Backpulver vermischen und zur Teigmasse geben. Die Hälfte des Teiges in die Kastenkuchenform geben und glatt streichen. In die andere Hälfte des Teiges den Kakao und die Mandelmilch einrühren und vorsichtig auf den bereits eingefüllten Teig geben. Nun die Walnusskerne vorsichtig in den Schokoteig drücken.

Für 35 Minuten auf mittlerer Schiene backen. Herausnehmen und in der Form abkühlen lassen. Stürzen und mit der über dem Wasserbad geschmolzenen Zartbitterkuvertüre bestreichen. Zur Deko nach Belieben Walnusskerne auf die Kuvertüre legen.

VEGAN Statt der 2 Eier, 2 Päckchen Ei-Ersatzpulver oder 3 EL Apfelmark verwenden.

GLUTEN FREI

# Birnenkuchen mit Kastanienmehl

Dieser sehr softe Kuchen aus Kastanienmehl ist ein Traum in der Kombination mit süßen Birnen. Zunächst erscheint das leicht rauchige Aroma des Kastanienmehls, aber dann kommen die nussigen Noten durch. Ein echter Augen- und Gaumenschmaus.

**Ergibt:** 1 Kuchen (20 cm ø, ca. 8 Stücke)
30 Minuten Zubereitungszeit
50 Minuten Backzeit

## FÜR DEN TEIG

— 3 kleine Birnen
— 3 Eier (Größe L)
— 75 g Vollrohrzucker
— 250 g Kastanienmehl, plus etwas mehr für die Form
— ½ TL Zimtpulver
— 2 EL Kakao
— 1 Pck. Backpulver
— 75 g pflanzliche Butter, zimmerwarm, plus etwas mehr für die Form
— 130 ml Mandelmilch
— 100 g gehackte Walnusskerne
— 1 Handvoll Cranberries
— 1 Becher Schlagsahne (optional)

Die Birnen waschen, schälen, Stiele und Blütenansatz entfernen und je einmal durchschneiden. Von den Hälften je eine dünne Scheibe abschneiden, sodass man 6 Scheiben erhält. Vom Rest das Kerngehäuse entfernen und das Fruchtfleisch in Würfel schneiden. Die Eier trennen und das Eigelb und das Eiweiß mit jeweils der Hälfte des Zuckers cremig bzw. steif schlagen. Den Backofen auf 180 °C (Ober-/Unterhitze) vorheizen.

Das Kastanienmehl, den Zimt, den Kakao und das Backpulver mischen. Die Butter und die Eigelb-Zucker-Mischung verrühren, die Mandelmilch und die Mehlmischung abwechselnd einrühren. Das Eiweiß, die gehackten Walnüsse und die gewürfelten Birnen unterheben.

Eine Springform (20 cm ø) mit pflanzlicher Butter ausstreichen und mit Kastanienmehl ausstreuen. Den Teig einfüllen, die Birnenscheiben oben auflegen, die Cranberries in den Teig drücken und den Kuchen auf mittlerer Schiene für 50 Minuten backen. Herausnehmen und auf Wunsch mit Schlagsahne servieren.

VEGAN Statt der Eier die entsprechende Menge Ei-Ersatzpulver verwenden (nach Packungsanleitung zubereiten).

Wilton

GLUTEN FREI

# Maple-Walnut-Cheesecake

**Ergibt:** 1 Kuchen
(20 cm ø, ca. 12 Stücke)
45 Minuten Zubereitungszeit
50 Minuten Backzeit
1 Stunde Kühlzeit

Da Walnüsse sich sehr lange halten, kann man diesen Kuchen jederzeit im Winter zubereiten, wenn man etwas Gutes für die Seele braucht. Der Cheesecake funktioniert auch mit Haselnüssen, aber das Dreamteam Walnuss und Ahornsirup ist unschlagbar. Man benötigt etwa zwei Handvoll Nüsse.

## FÜR DEN TEIG

- 50 g Reismehl, plus etwas mehr für die Form
- 50 g Buchweizenmehl
- 50 g gemahlene Walnusskerne
- 50 g Puderzucker
- 1 Prise Fleur de Sel, plus 1 Prise für die Füllung
- 100 g pflanzliche Butter, weich, plus etwas mehr für die Form

## FÜR DIE FÜLLUNG

- 400 g Doppelrahm-Frischkäse
- 125 ml Ahornsirup, plus 125 ml für das Topping
- 2 Eier (Größe M)
- 1 gestr. EL Maisstärke

## FÜR DAS TOPPING

- 100 g brauner Rohrzucker
- 100 g kalte Butter, gewürfelt
- 100 g süße Sahne
- 2 EL gehackte Walnusskerne
- 1 EL Kakao-Nibs

Die Zutaten für den Teig mit einer Gabel zu einer krümeligen Masse vermengen. Eine Springform (20 cm ø) mit pflanzlicher Butter fetten und mit etwas Reismehl ausstreuen. Den Teig auf dem Boden der Springform andrücken und für 1 Stunde kalt stellen. Den Backofen auf 180 °C (Ober-/Unterhitze) vorheizen. Den Teig für 15 Minuten vorbacken.

Für die Füllung den Frischkäse, das Salz und 125 ml Ahornsirup mit einem Schneebesen verrühren, ohne zu viel Luft unterzumengen. Die Eier nacheinander unterrühren und zuletzt die Maisstärke. Die Backofentemperatur auf 160 °C reduzieren. Die Füllung auf den Boden geben und für 50 Minuten backen. Herausnehmen und abkühlen lassen.

Für das Topping den restlichen Ahornsirup mit dem Zucker in einen schweren Topf geben. So lange erhitzen, bis der Zucker geschmolzen ist. Die Butterwürfel zufügen, aufkochen. Die Sahne zufügen und dann für 20 Minuten köcheln, bis das Karamell eine gute Konsistenz hat (Löffelprobe: Verläuft 1 TL nicht mehr auf dem Teller, ist es gut). Esslöffelweise auf den Kuchen geben und mit gehackten Walnüssen und Kakao-Nibs bestreuen.

VEGAN Eine Füllung für einen veganen Cheesecake findet ihr im hinteren Rezeptteil unter »Vegane Grundrezepte«. Im Karamell pflanzliche Butter und Sojasahne verwenden.

GLUTEN FREI

# Schokofudge mit Nüssen

Aus nur zwei Handvoll Nüssen nach Wahl kann man ein leckeres Konfekt zaubern. Dieses eignet sich auch toll zum Verschenken an liebe Menschen, denn in Butterbrotpapier gepackt, halten die kleinen Schokohappen sich bis zu zwei Wochen frisch.

**Ergibt:** 20 Stück
30 Minuten Zubereitungszeit
30 Minuten Kochzeit
3 Stunden Kühlzeit

## FÜR DIE FÜLLUNG

— 170 g gezuckerte Kondensmilch
— 60 g Butter
— 200 g Vollmilchschokolade
— 1 TL Salz
— 120 g gemischte Nusskerne

Die Kondensmilch mit der Butter in einen schweren beschichteten Topf geben und langsam erwärmen. Die Schokolade klein hacken und in einer Tasse im Wasserbad langsam zerlassen. Die geschmolzene Schokolade zur Kondensmilch-Butter-Mischung geben und mit einem Holzlöffel kräftig umrühren, bis die Masse glänzend und homogen erscheint.

Nun muss die Masse bei niedriger Temperatur und unter häufigem Rühren köcheln, ohne zu blubbern. Die Masse dickt leicht ein. Das Ganze dauert etwa 25–30 Minuten. Fertig ist sie, sobald sich am Boden des Topfes Bläschen bilden, die man mit dem Holzlöffel wegrühren kann. Die Masse glänzt auch weniger. Eine flache eckige Form (ca. 20 x 20 cm) mit Backpapier auslegen. Die Masse einfüllen, glätten und zunächst für 15–20 Minuten abkühlen.

In der Zwischenzeit die Nüsse in einer beschichteten Pfanne ohne Fett anrösten und anschließend leicht hacken. Nun die Masse wieder aus der Form nehmen, die Nüsse darauf verteilen und die Masse einmal falten, sodass die Kerne in der Mitte landen. Man kann die Masse auch formen, kneten und rollen, bis die Nüsse gleichmäßig verteilt sind. Nun die Masse wieder in die Form mit dem Backpapier drücken und begradigen. Für 3 Stunden in den Kühlschrank stellen.

Mit einem scharfen Messer das Schokofudge in Würfel oder Streifen schneiden. Auf Wunsch kann man diese in Backpapierstücke wickeln. Am besten bewahrt man das Fudge im Kühlschrank auf und holt es einige Minuten vor dem Naschen heraus.

VEGAN 270 g Zartbitterschokolade hacken und mit 60 ml Kokosnusscreme (der Rahm von Kokosmilch oder direkt Kokoscreme), 40 g Mandelmus und 45 ml Ahornsirup in einem Topf erwärmen, bis alles geschmolzen und glatt verrührt ist. Die gehackten und gerösteten Nüsse unterheben und die Masse in die Form geben. Über Nacht im Kühlschrank fest werden lassen und in Stücke schneiden.

GLUTEN FREI VEGAN

# Walnuss-Schoko-Energyballs

**Ergibt:** ca. 15 Stück
15 Minuten Zubereitungszeit
30 Minuten Kühlzeit

## FÜR DEN TEIG

- 3 EL starker Chai (aus 3 Teebeuteln)
- 100 g getrocknete Datteln
- 2 EL Kakao, plus mehr für die Deko
- 70 g Haferflocken, Kleinblatt
- 60 g gemahlene Walnusskerne
- 3 EL Zuckerrübensirup
- 1 Prise Salz

## ZUM DEKORIEREN

- goldene Lebensmittelfarbe in Pulverform (optional)

Hier habe ich ein Basisrezept für Energyballs für euch, das sich je nach euren Nussfunden abwandeln lässt. Statt Zuckerrübensirup kann man auch Ahornsirup verwenden. Ich finde diese Energyballs unheimlich lecker, und das Beste ist, dass man bereits nach einer Kugel den größten Schoko- und Süßhunger gestillt hat.

Aus dem Chai und 100 ml kochendem Wasser einen starken Tee zubereiten, 20 Minuten ziehen lassen und 3 EL abnehmen.

Alle Zutaten für den Teig in den Hackbecher einer Küchenmaschine oder eines Pürierstabes geben und fein hacken, bis eine gleichmäßige Masse entsteht. Diese gleich im Anschluss zu walnussgroßen Kugeln rollen und für 30 Minuten kalt stellen.

Auf Wunsch in Kakao wälzen und mit etwas goldenem Lebensmittelpulver bestreuen.

VEGAN

# Süße Walnussbrötchen

**Ergibt:** 4–5 Brötchen
(oder 12–14 Minibrötchen)
25 Minuten Zubereitungszeit
20 Minuten Backzeit
15 Minuten Kühlzeit

## FÜR DEN TEIG

- 170 g Kokosjoghurt (alternativ 125 g Quark, dann nicht mehr vegan)
- 250 g Weizenmehl (Type 550)
- 1 ½ EL Backpulver
- 50 g weißer Zucker
- 2 EL Ahornsirup, plus 1 EL für das Topping
- 50 ml Mandelmilch (oder Mandelschokodrink)
- 50 ml Sonnenblumenöl (oder Walnussöl)
- 50 g Walnusskerne, gehackt, plus 1–2 EL für das Topping

## FÜR DAS TOPPING

- 150 g Puderzucker

Diese Brötchen ähneln Scones, werden aber aus einem Quark-Öl-Teig (hier eine vegane Variante!) hergestellt und geknetet. Damit sind sie weniger blättrig, aber dennoch luftig. Diese schlichten Brötchen werden mit Ahornsirup aromatisiert – großartig.

Zunächst den Kokosjoghurt in einem mit einem groben Tuch ausgelegten Sieb abtropfen lassen. Für 1–2 Stunden bei Raumtemperatur stehen lassen. Leicht ausdrücken, Flüssigkeit wegschütten.

Den Backofen auf 190 °C (Ober-/Unterhitze) vorheizen. Alle Zutaten zu einem glatten Teig verarbeiten. Ist dieser zu klebrig, etwas Mehl zufügen. Er sollte gut knetbar sein. Den Teig für 10 Minuten entspannen lassen. Dann mit den Händen 4–5 Brötchen formen und auf ein mit Backpapier ausgelegtes Blech legen. Alternativ auf 2 cm Höhe ausrollen und runde kleinere Brötchen ausstechen. 15 Minuten auf mittlerer Schiene backen, herausnehmen und abkühlen lassen.

Einen Zuckerguss aus dem Ahornsirup und dem Puderzucker zubereiten und die Brötchen nach Belieben damit bestreichen. Die Walnusskerne aufsetzen und genießen.

GLUTEN FREI

Statt 250 g Weizenmehl 225 g Mehlmix Brot von Schär verwenden, vermischt mit 2 TL Flohsamenschalenpulver und unter Zugabe von 1 Ei (dann nicht mehr vegan).

GLUTEN FREI

# Softer Haselnusskuchen

**Ergibt:** 1 Kuchen (20 cm ø, ca. 12 Stück)
30 Minuten Zubereitungszeit
50 Minuten Backzeit
1 Stunde Kühlzeit

Ganz ohne Mehl kommt dieser sehr saftige Haselnusskuchen aus. Er erinnert ein wenig an den Teig für Zimtsterne und hält sich lange frisch. Sehr zu empfehlen ist übrigens auch die Zubereitung mit anderen Nusssorten wie Mandeln und Walnüssen.

## FÜR DEN TEIG

— 3 EL starker Chai (aus 3 Teebeuteln)
— etwas Sonnenblumenöl für die Form
— 4 Eier (Größe M), getrennt
— 250 g Haselnusskerne, gemahlen
— 125 g brauner Rohrzucker
— 125 g weißer Rohrzucker
— 1 TL Flohsamenschalenpulver, gemahlen
— 1 TL Backpulver
— 1 EL Rum

## ZUM DEKORIEREN

— 2 EL Puderzucker
— 1 TL Zimtpulver

Aus dem Chai mit 50 ml heißem Wasser einen starken Tee zubereiten, abkühlen lassen.

Eine Backform (20 cm ø) mit etwas Sonnenblumenöl ausstreichen. Den Backofen auf 180 °C (Ober-/Unterhitze) vorheizen. Das Eiweiß mit den Schneebesen des Rührgerätes steif schlagen. Die gemahlenen Haselnusskerne mit den beiden Zuckerarten, dem Flohsamenschalenpulver und dem Backpulver vermischen. Den Chai zusammen mit dem Rum und dem Eigelb mit einem Kochlöffel mit der Haselnussmischung verrühren. Die Eischneemasse unterheben. In die vorbereitete Kuchenform geben und für 50 Minuten backen. Herausnehmen und in der Form abkühlen lassen.

Vor dem Servieren den Puderzucker mit dem Zimt vermischen und über den Haselnusskuchen geben.

VEGAN Die 4 Eier mit 200 ml Kichererbsenwasser (Aquafaba), auf 130 ml eingekocht und abgekühlt, ersetzen. Aufschlagen und die Zutaten unterheben, dann backen wie oben angegeben.

VEGAN

# Süße Eicheln

**Ergibt:** 1 Blech (ca. 20 Stück)
40 Minuten Zubereitungszeit
12 Minuten Backzeit
2 Stunden Kühlzeit

## FÜR DEN TEIG

- 120 g Eicheln (ergibt ca. 55 g Mehl)
- 140 g Weizenmehl (Type 405)
- 1 TL Natron
- 1 EL Lebkuchengewürz
- ½ TL Salz
- 85 g Zuckerrübensirup
- 35 g pflanzliche Butter
- 20 g Vollrohrzucker

## ZUM DEKORIEREN

- 80 g vegane Zartbitterkuvertüre
- 20 g Pistazienkerne, fein gehackt

Wer nach Art der nordamerikanischen Ureinwohner Eichelmehl herstellen möchte, kann dieses für Brotteig verwenden oder in kleine hübsche Gebäckstücke wie diese süßen Eicheln verwandeln. Das Mehl hat einen herb-nussigen Geschmack.

Die Eicheln für 12 Minuten auf einem mit Backpapier belegten Backblech im vorgeheizten Backofen bei 200 °C (Ober-/Unterhitze) rösten. Die Schale platzt dann etwas auf. Abkühlen lassen und die Schale samt Haut mit einem kleinen Küchenmesser abziehen. Alternativ kann man den Ansatz wegschneiden und die Eicheln längs zerteilen, bevor man die Schale abzieht. Es ergeben sich etwa 80 g rohe Eicheln. Diese nun gut abspülen und mit kaltem Wasser bedeckt ziehen lassen. Dabei werden Gerbstoffe ausgeschwemmt. Nach 12 Stunden das Wasser wechseln. Das Ganze macht man 3 Tage lang, alle 12 Stunden frisches Wasser auf die Eicheln geben. Nun das Wasser abgießen und die Eicheln grob zerteilen. An der Luft für 24 Stunden ausgebreitet trocknen lassen. Mit einem Blitzhacker oder einer Kaffeemühle zerkleinern bzw. mahlen. Es entsteht eine fein nussartige Masse. Grobe Stücke weiter zermahlen. Nochmals etwas trocknen lassen und sauber abfüllen.

Das Eichelmehl mit dem Weizenmehl, dem Natron, dem Lebkuchengewürz und dem Salz vermischen. In einem beschichteten Topf den Zuckerrübensirup mit der pflanzlichen Butter erwärmen, bis die Butter geschmolzen ist. Den Vollrohrzucker einrühren und auflösen. Dann vom Herd nehmen.

Mit den Knethaken der Küchenmaschine die Mehlmischung und die Sirupmischung auf kleiner Stufe verkneten, bis ein homogener Teig entstanden ist, mindestens jedoch für 5–7 Minuten. Den Teig zu einer flachen Kugel formen und für mindestens 1 Stunde, besser 1 Tag im Kühlschrank ruhen lassen.

Den Ofen auf 180 °C (Ober-/Unterhitze) vorheizen. Aus dem Teig etwa kirschgroße Kugeln abteilen und in der Hand rund rollen, dann etwas länglich formen. Mit den Fingerspitzen einen kleinen Stiel bilden. Auf ein mit Backpapier ausgelegtes Blech legen, dabei etwas Abstand lassen. Nach Belieben mit einer scharfen Kante ein Muster

in den oberen Teil drücken, der das Eichelkäppchen darstellen soll. Nun für 10–12 Minuten backen. Die Kekse sollten nicht zu braun werden. Herausnehmen und abkühlen lassen.

Für die Deko die Kuvertüre über dem Wasserbad schmelzen. Die abgekühlten Kekse auf ein Backblech mit Backpapier legen und mit einem Pinsel im oberen Bereich etwas Schokolade auftragen. Komplett trocknen lassen (das geht am schnellsten im Kühlschrank). Eine zweite Schicht Schokolade auftragen und direkt mit den Pistazien bestreuen. Fest werden lassen und luftdicht verpacken.

GLUTEN FREI

Statt Weizenmehl 135 g helle glutenfreie Mehlmischung (z. B. Kuchenmix von Schär) und 1 TL gemahlene Flohsamenschalen verwenden. Die Zugabe von 1 Eigelb erhöht die Teigformbarkeit (dann nicht mehr vegan).

# Baumstammtorte

**Ergibt:** 1 Torte (ca. 12 Stücke)
1 ¼ Stunden Zubereitungszeit
15 Minuten Backzeit
3 ½ Stunden Kühl- und Trockenzeit

Wer eine süße Leckerei mit Waldthema sucht, liegt mit einem Baumstamm genau richtig. Diese bildschöne Torte besteht aus aufrecht gerolltem Biskuitteig und wird mit einer beerigen Schokoladencreme gefüllt.

## FÜR DEN TEIG

- 5 Eier (Größe M), plus 2 Eiweiß (ca. 60 g) für die Deko
- 100 g Puderzucker
- 1 Pck. Vanillezucker
- 75 g Weizenmehl (Type 405)
- 25 g Stärke
- 40 g Kakao
- 2 EL Backpulver

## FÜR DIE FÜLLUNG

- 300 g Zartbitterschokolade, plus 250 g für die Deko
- 400 g Doppelrahm-Frischkäse
- 100 g Himbeeren (frisch oder TK-Ware)

## ZUM DEKORIEREN

- 1 EL Zitronensaft
- 120 g feiner weißer Zucker
- einige rote Beeren (optional)
- Rosmarinnadeln (optional)

GLUTEN FREI: Statt Weizenmehl und Stärke 100 g helle glutenfreie Mehlmischung nutzen (z. B. Kuchenmix von Schär).

Den Backofen auf 180 °C (Ober-/Unterhitze) vorheizen. Die Eier trennen. Für den Teig das Eiweiß mit der Hälfte des Puderzuckers aufschlagen, bis es sehr fest ist. Das Eigelb mit dem restlichen Puderzucker und dem Vanillezucker mittels Schneebesen schaumig aufschlagen. Das Mehl, die Stärke, den Kakao und das Backpulver mischen und auf die Eigelbmasse geben, unterheben. Die geschlagene Eiweißmasse vorsichtig mit einem Teigschaber unterziehen, bis alles homogen ist. Auf ein mit Backpapier ausgelegtes Backblech geben und glatt streichen. Für 15 Minuten backen. Den fertigen Biskuit auf ein sauberes Küchentuch stürzen, das Backpapier abziehen und sofort mit dem Küchentuch zusammen aufrollen. Auskühlen lassen.

Für die Füllung die Zartbitterschokolade über dem Wasserbad schmelzen und leicht abkühlen lassen. Danach unter den Frischkäse rühren. Die Himbeeren unterheben. Das Biskuit vorsichtig auseinanderrollen und der Länge nach genau in der Mitte teilen (es entstehen zwei lange Streifen). Auf eine Hälfte ⅓ der Füllung auftragen und von der kurzen Seite her aufrollen. Den anderen Streifen ebenfalls mit ⅓ der Creme bestreichen und an das Ende des bereits aufgerollten Kuchens ansetzen und weiterrollen, ggf. bereits aufrichten. Das Ende des Streifens gut mit der Creme andrücken. Den Rest der Schokocreme ringsherum verteilen, mit einer Teigpalette glatt streichen. Auf der Oberseite spiralförmig ein Muster ziehen. Die Torte in den Kühlschrank stellen.

Für die Deko die restliche Zartbitterschokolade über dem Wasserbad schmelzen und auf ein mit Backpapier belegtes Blech fließen lassen. Verstreichen und leicht fest werden lassen. Dann ein zweites Backpapier auflegen und samt der Schokoladenmasse aufrollen, komplett auskühlen lassen. Wieder auseinanderrollen und in große, längliche Stücke brechen. Diese um die Torte anrichten wie die Borke eines Baums. Einen kleinen Rest aufbewahren.

Für die Pilze mit den Schneebesen der Küchenmaschine das restliche Eiweiß mit dem Zitronensaft sehr steif schlagen und dabei die Hälfte des weißen Zuckers nach und nach fein einrieseln lassen, weiter schlagen. Den Rest des Zuckers auf einmal zugeben und weiterschlagen. Die Masse in einen Spritzbeutel füllen, die Spitze abschneiden und auf ein Backblech längliche Stiele und rundliche Pilzhüte aufspritzen. Alles im Backofen bei 110 °C (Ober-/Unterhitze) für 1 ½ Stunden trocknen. Herausnehmen und abkühlen lassen. Die übrige Zartbitterschokolade noch einmal schmelzen und über ein feines Sieb mit dem Löffel feine Spritzer auf die Hüte aufbringen, trocknen lassen. Hüte und Stiele passend mit etwas Schokolade zusammenkleben, trocknen lassen und auf die Torte aufsetzen. Nach Belieben mit mit roten Beeren und Rosmarin dekorieren.

VEGAN Einen veganen Biskuitteig findet ihr im hinteren Rezeptteil unter »Vegane Grundrezepte«. Hier 20 g der gemahlenen Mandeln durch Kakao ersetzen. Für die Füllung 400 g vegane Streichcreme auf Mandelbasis statt Frischkäse verwenden. Die Pilze können aus Marzipan hergestellt werden.

# Würziger Preiselbeer-Gugelhupf

Schon etwas weihnachtlicher ist dieser saftige Preiselbeerkuchen, der mit Rotwein aromatisiert wird. Mmmh, ein Schokoladentraum mit viel Frucht und Würze! Er hält sich auch lange frisch – ich habe ihn über mehrere Tage morgens zu einer schönen Tasse Kaffee genossen!

**Ergibt:** 2 kleine Gugelhupf (oder 1 mittleren Gugelhupf)
20 Minuten Zubereitungszeit
50 Minuten Backzeit
30 Minuten Kühlzeit

## FÜR DEN TEIG

- 125 g pflanzliche Butter, plus etwas mehr für die Form
- 110 g brauner Rohrzucker
- 1 Pck. Vanillezucker
- 1 Prise Salz
- 2 Eier (Größe L)
- 1 TL Zimtpulver
- 1 Prise gemahlene Gewürznelke
- 1 Prise gemahlene Muskatnuss
- 1 EL Kakao
- 150 g Weizenmehl (Type 405)
- ½ Pck. Backpulver
- 100 ml Rotwein
- 3 EL Preiselbeerkompott

## ZUM DEKORIEREN

- 8–10 Cranberries
- 50 g feiner weißer Zucker, plus etwas mehr zum Wälzen
- einige Rosmarinnadeln

## FÜR DAS PREISELBEER-KOMPOTT

- 2 Handvoll Preiselbeeren
- 50 g brauner Rohrzucker
- 1 EL Waldhonig

Die Preiselbeeren von den Stielen entfernen und in einem Sieb waschen. In einem Topf mit dem braunen Rohrzucker, dem Waldhonig und 3 EL Wasser mischen. Aufkochen und gut umrühren. Wenn die Konsistenz leicht sirupartig ist, vom Herd nehmen.

Den Backofen auf 180 °C (Ober-/Unterhitze) vorheizen. Die Butter, beide Zuckersorten und das Salz schaumig rühren. Nach und nach die Eier zufügen und zu einer dick-cremigen Schaummasse rühren. Das Mehl sieben und mit den restlichen Zutaten (bis auf das Preiselbeerkompott) zur Schaummasse geben und gut verrühren. Den Teig in eine gefettete Gugelhupfform füllen.

Das Preiselbeerkompott löffelweise auf der Oberfläche verteilen und leicht unterrühren, mehr in der Mitte des Teiges als am Rand. Den Kuchen für 50–60 Minuten backen und in der Form auskühlen lassen.

Für die gezuckerten Cranberries aus dem Zucker und 40 ml Wasser einen Sirup kochen und kurz abkühlen lassen. Die gewaschenen Cranberries kurz eintauchen und anschließend in Zucker wälzen. Trocknen lassen. Den Kuchen mit ein paar gezuckerten Cranberries und Rosmarinnadeln anrichten.

GLUTEN FREI: Das Weizenmehl mit 130 g heller glutenfreier Mehlmischung (z. B. Kuchenmix von Schär) ersetzen.

VEGAN: Statt der Eier 2 EL Apfelmark verwenden, Honig mit Zuckerrübensirup ersetzen.

GLUTEN FREI

# Waldtörtchen mit Buchweizenmehl

**Ergibt:** 1 Törtchen (15 cm ø, ca. 10 Stücke)
1 ¼ Stunden Zubereitungszeit
2 x 20 Minuten Backzeit
2 Stunden Kühlzeit

## FÜR DEN TEIG

- 4 Eier (Größe M)
- 4 EL Mandelmilch
- 150 g Puderzucker, plus 150 g für die Füllung
- 150 g Buchweizenmehl, plus etwas mehr für die Form
- 1 TL Backpulver
- 1 Prise Salz
- etwas Pflanzenbutter für die Form

## FÜR DIE FÜLLUNG

- 450 g Doppelrahm-Frischkäse
- 150 g weiße Schokolade
- 100 g Wildheidelbeeren (frisch oder TK-Ware)

## ZUM DEKORIEREN

- einige Lebkuchenfiguren (z. B. Rehe, siehe Honigkuchenrezept Seite 158)
- Pilze aus Zuckermasse (oder Fondant)
- lila Zuckerperlen
- 4–5 Zweige Rosmarin (à 8 cm Länge), plus einige einzelne Rosmarinnadeln

Ein kleines feines Törtchen lässt sich aus erdigen Buchweizenmehlböden, frischer Creme und Wildheidelbeeren zaubern – dazu eine waldige Dekoration und schon könnt ihr zauberhaft genießen! Solltet ihr die Wildheidelbeeren frisch pflücken, so reicht eine kleine Schüssel voll.

Den Backofen auf 180 °C (Ober-/Unterhitze) vorheizen. Die Eier trennen und das Eiweiß mit 75 g Puderzucker mit den Schneebesen des Rührgerätes sehr steif schlagen. Das Eigelb mit der Mandelmilch vermischen und ebenfalls mit 75 g Puderzucker schaumig rühren. Das Buchweizenmehl mit dem Backpulver und dem Salz vermischen und zusammen mit dem Eiweiß mit einem Teigschaber oder großen Löffel unter die Eigelbmischung heben, bis die Masse homogen ist. Eine Springform (15 cm ø) mit veganer Butter ausstreichen und mit Buchweizenmehl ausstreuen. Die erste Hälfte des Teigs hineingeben und für 20 Minuten auf der mittleren Schiene backen. Kurz auskühlen lassen, aus der Form nehmen und die zweite Hälfte ebenfalls backen. Herausnehmen und beide Böden abkühlen lassen.

Für die Füllung den Frischkäse mit dem restlichen Puderzucker schaumig aufschlagen. Die weiße Schokolade über dem Wasserbad schmelzen und mit der Frischkäsemischung verrühren. 6 EL davon abnehmen und mit den Wildheidelbeeren vermischen.

Für das Zusammensetzen des Törtchens die beiden vorgebackenen Böden mit einem großen Messer waagerecht durchschneiden und die jeweils obere Hälfte begradigen. Nun auf den unteren Boden 2 EL Creme auftragen, glatt streichen und danach 2 EL Wildheidelbeercreme auftragen und glatt streichen. Den nächsten Boden aufsetzen und immer wieder Creme und Wildheidelbeercreme auftragen, bis alle Böden gestapelt sind. Auf den obersten Boden 4 EL Creme auftragen und glatt streichen. Den Rest auf den Rand geben und mit einer Teigpalette verstreichen, sodass die Böden noch durchscheinen (»semi-naked«). Die Torte für 1 Stunde kühlen.

Zur Deko die Honigkuchenrehe, die Zuckerpilze und die Zuckerperlen verteilen, die Rosmarinzweige als Tannenbäumchen aufstellen und einzelne Rosmarinnadeln aufstreuen.

Ein Rezept für veganen Biskuitteig findet ihr im hinteren Rezeptteil unter »Vegane Grundrezepte«. Zusätzlich: Frischkäsecreme auf Mandelbasis verwenden.

# Waldhonigkuchensterne

Mit Waldhonig werden Honigkuchen noch mal aromatischer und schon das Backen ist ein Genuss. Ich habe hier ein Grundrezept für Honigkuchen, gern auch anwendbar für Lebkuchenhäuser oder andere Figuren, und auch eine Anleitung für Royal-Icing-Spritzglasur (für weiße Zuckerschrift) findet ihr hier.

**Ergibt:** 2–3 Bleche
1 Stunde Zubereitungszeit
je 11 Minuten Backzeit
24 Stunden Kühlzeit

## FÜR DEN TEIG

- 250 g Weizenmehl (Type 405), plus etwas mehr zum Bearbeiten
- 30 g gemahlene Mandelkerne
- 1 TL Backpulver
- je ½ TL Anissamen, gemahlener Kardamom und Zitronenabrieb
- 125 g Waldhonig
- 50 g pflanzliche Butter
- 50 g Vollrohrzucker
- 1 Eigelb, plus 1 Eiweiß für die Deko

## ZUM DEKORIEREN

- 180 g Puderzucker, gesiebt
- Belegkirschen und Pistazienkerne (optional)

Das Weizenmehl mit den Mandeln, dem Backpulver und den Würzzutaten vermischen. In einem beschichteten Topf den Honig mit der Butter erwärmen, bis die Butter geschmolzen ist. Den Vollrohrzucker einrühren und auflösen. Dann vom Herd nehmen. Mit den Knethaken der Küchenmaschine die Mehlmischung mit der Honigmischung und dem Eigelb auf kleiner Stufe verkneten, bis ein homogener Teig entsteht, mindestens jedoch für 5–7 Minuten. Den Teig zu einer flachen Kugel formen und für mindestens 1 Stunde, besser über Nacht im Kühlschrank ruhen lassen. Den Backofen auf 180 °C (Ober-/Unterhitze) vorheizen.

Den Teig mit einer Teigrolle auf einer bemehlten Arbeitsfläche flach ausrollen und Sterne verschiedener Größe ausstechen. Auf ein mit Backpapier ausgelegtes Blech legen, dabei etwas Abstand lassen. Mehlreste abpinseln. Nun für etwa 11 Minuten backen. Die Kekse sollten nicht zu braun werden. Herausnehmen und abkühlen lassen.

Für das Royal Icing das Eiweiß mit den Schneebesen des Rührgerätes sehr steif schlagen und den Puderzucker unterrühren. Die Masse wird relativ zähflüssig. In eine Spritztüte füllen und entweder mit einer sehr feinen Lochtülle oder einer klein abgeschnittenen Spitze Muster auf die Sterne auftragen. Nach Belieben mit Pistazienkerne und gehackte Belegkirschen dekokieren.

GLUTEN FREI: Anstelle von Weizenmehl 225 g glutenfreie helle Mehlmischung (z. B. Kuchenmix von Schär) verwenden und 1 TL Xanthan zugeben.

VEGAN: Statt Honig kann man Ahornsirup, Zuckerrübensirup oder die vegane Honigalternative »Wonig Tanne« von Vegablum nutzen. Das Ei weglassen – der Teig wird dann etwas trockener, ist aber gut verarbeitbar. Anstelle von Royal Icing vegane weiße Schokolade verwenden.

VEGAN

# Hagebutten-Hefesterne

**Ergibt:** 5–6 Hefesterne
1 ½ Stunden Zubereitungszeit
15 Minuten Backzeit
1 ½ Stunden Gehzeit

## ZUTATEN

- 200 g Hagebutten

## FÜR DEN TEIG

- 40 g pflanzliche Butter, weich, plus 25 g für die Füllung
- 125 ml Mandelmilch
- 35 g weißer Rohrzucker
- 250 g Weizenmehl (Type 550)
- ½ Pck. Trockenhefe
- 1 TL grob gemahlener Kardamom
- ½ TL Meersalz

## AUSSERDEM

- 50 g Puderzucker
- etwas Hagelzucker als Deko

GLUTEN FREI

Ein glutenfreier Hefeteig ist eine echte Herausforderung. Wer sich heranwagt, nimmt statt 250 g Weizenmehl 250 g Mehlmix Brot von Schär, gemischt mit 1 TL Xanthan oder Flohsamenschalenpulver unter Zugabe von 1 Ei (dann nicht mehr vegan). Die Zuckermenge im Teig auf 50 g erhöhen!

Eine sehr effektvolle Hefegebäck-Variante sind diese Sterne, gefüllt mit fruchtigem Hagebuttenmus. Das könnt ihr bis zum ersten Frost noch frisch zubereiten oder eingekocht aus dem Vorratsschrank nehmen.

Von den Hagebutten die Stiele und die schwarzen Blütenansätze entfernen. Abspülen und mit Wasser bedeckt in einem Topf eine Stunde köcheln. Zunächst mit einem Kartoffelstampfer zerdrücken (dabei das Wasser mit im Topf lassen) und anschließend durch ein stabiles feines Sieb streichen. Abkühlen lassen.

Die Butter und die Milch vorsichtig erwärmen, bis die Butter geschmolzen ist. Den Zucker einrühren, bis er sich aufgelöst hat. Das Mehl mit der Hefe und den Gewürzen mischen. Aus beiden Ansätzen einen Hefeteig mit der Hand oder der Küchenmaschine kneten, bis er nicht mehr klebt. Mit einem Tuch abdecken und 1 Stunde gehen lassen, bis der Teig sein Volumen deutlich vergrößert hat.

Für die Füllung das Hagebuttenmus mit der weichen Butter und dem Puderzucker vermengen. Beiseitestellen. Währenddessen den Backofen auf 190 °C (Ober-/Unterhitze) vorheizen.

Den Teig auf einer bemehlten Arbeitsfläche ausrollen, bis ein großes Rechteck (etwa 30 x 40 cm) entstanden ist. Die Füllung auf der einen Hälfte verteilen. Die zweite Teighälfte darüberklappen. Dabei darauf achten, dass die Füllung nicht herausquillt. Nun mit einem großen runden Ausstecher Kreise ausstechen. In der Mitte jeweils einen kleinen Kreis markieren, aber nicht ausstechen. Nun gleichmäßig 16 Schnitte vom Rand bis zum markierten Kreis setzen. Je zwei dieser entstandenen Stränge zweimal ineinander verdrehen und die Spitzen zusammendrücken. Das ergibt eine Sternspitze. Nun mit den anderen Strängen ebenso verfahren, sodass 8 Spitzen entstehen. In die Mitte etwas Hagelzucker streuen. Den Teig nochmal 15 Minuten aufgehen lassen. Auf ein mit Backpapier ausgelegtes Backblech legen und für 12–15 Minuten im Ofen auf mittlerer Schiene backen, bis die Sterne goldbraun sind.

# Glückspilze

**Ergibt:** 6 Pilze
30 Minuten Zubereitungszeit
15 Minuten Backzeit
45 Minuten Kühlzeit

Eine Runde Glückspilze aus leckerem Kuchenteig? Hier kommt ein süßer Snack mit Botschaft als krönender Abschluss des Rezeptteils. Auch falls ihr Pilze sonst nicht so mögt, gebt diesen hier eine Chance und lasst die Magie in eure Küche!

## FÜR DEN TEIG

- 75 g Magerquark
- 3 EL Sonnenblumenöl
- 3 EL Mandelmilch
- 40 g weißer Rohrzucker
- 1 Ei (Größe S)
- 150 g Weizenmehl (Type 550)
- 2 EL Backpulver
- 1 Prise Fleur de Sel

## ZUM DEKORIEREN

- 50 g Zartbitterkuvertüre
- 80 g weiße Kuvertüre
- 1 Messerspitze rote Lebensmittelfarbe

Den Backofen auf 180 °C (Ober-/Unterhitze) vorheizen. Den Quark mit dem Öl, der Mandelmilch, dem Zucker und dem Ei glatt rühren. Das Mehl mit dem Backpulver und dem Salz vermengen. Beide Mischungen miteinander verkneten, sodass ein gut formbarer Teig entsteht. Sollte er noch zu sehr kleben, etwas Mehl beifügen, ist er zu trocken, 1–2 EL Mandelmilch zugeben.

Nun aus dem Teig 6 Hüte und 6 Stiele formen. In die Hüte mit dem Daumen eine Mulde drücken. Die Teiglinge auf ein Blech mit Backpapier legen und für 15 Minuten backen. Auskühlen lassen.

Die dunkle und die weiße Kuvertüre getrennt voneinander über dem heißen Wasserbad schmelzen. Drei Hüte mit dunkler Kuvertüre bestreichen und trocknen lassen. Von der weißen Kuvertüre 2 EL abnehmen und in den Rest etwas rote Lebensmittelfarbe geben, gut verrühren. Die anderen drei Hüte damit bestreichen und ebenfalls trocknen lassen. Wenn die Kuvertüre getrocknet ist, die Hüte und die Stiele mit etwas weißer Kuvertüre zusammenkleben. Auf die rosa Pilze mit einem Zahnstocher weiße Schokoladepünktchen auftragen und trocknen lassen.

VEGAN 130 g Kokosjoghurt abtropfen lassen, ausdrücken und anstelle des Quarks verwenden. Das Ei weglassen. Falls die Masse zu feucht ist, den Mehlanteil etwas erhöhen, bis der Teig gut formbar ist.

GLUTEN FREI Statt Weizenmehl die gleiche Menge helle glutenfreie Mehlmischung (z. B. Kuchenmix von Schär) einsetzen, dann aber 1 TL Flohsamenschalenpulver dazugeben und die Quarkmenge auf 125 g erhöhen.

# Pflanzenporträts Herbst

Wenn der Sommer zu Ende geht, kommt die beste Jahreszeit für Waldspaziergänge. Am besten, ihr nehmt immer einen Beutel mit auf Wanderschaft, um leckere Funde gleich einzusammeln. Der Wald bietet eine Fülle an nährstoffreichen und süßen, sauren oder nussigen Früchten. Früher war das die Zeit für Mensch und Tier, um Vorräte anzulegen, und das gilt noch heute, auch wenn es größtenteils in Vergessenheit geraten ist.

## HAGEBUTTEN

**Erntezeit:** September–November

**Merkmal:** Hagebutten sind Früchte von bestimmten Rosenarten, die am Waldrand wachsen. Stachelige Sträucher mit an den Stängelenden befindlichen orange-roten Früchten, die rund oder keulenförmig sein können.

**Verwendung:** Mus, Gelee, Saft

**Rezeptidee:** Süße Hagebuttensuppe mit Vanilleeis

## SANDDORN

**Erntezeit:** September–November

**Merkmal:** Dorniger Strauch auf sandigem Boden an Waldrändern. Die Blätter sind lang und schmal, silbergrün. Die Früchte sind grell orange oder heller orange und sitzen in Massen direkt an den Zweigen.

**Verwendung:** frische Beeren, Mus, Saft

**Rezeptidee:** Sanddornbonbons

## ESSKASTANIEN

**Erntezeit:** Oktober–November

**Merkmal:** Großer Baum mitten in Wäldern mit grünen, vielstacheligen Früchten. Lange feste Blätter. Die Früchte sind reif, wenn grüne Stachelhüllen am Boden liegen und sich öffnen. Gute Maronen stammen von befruchteten Bäumen und sind prall gefüllt.

**Verwendung:** geröstet im Ganzen oder als Püree

**Rezeptidee:** Babka mit Maronen-Schoko-Füllung

## BUCHECKERN

**Erntezeit:** September–November

**Merkmale:** Früchte der Rotbuche, einem bis 40 m hohen Baum. Weit verbreitet in Wäldern. Je zwei Früchte in weichdornigem Becher, kleine dreieckige, 1 ½ cm lange braune Nüsschen. Die braune innere Schale kann durch Rösten der Früchte entfernt werden.

**Verwendung:** Samen geröstet oder gemahlen

**Rezeptidee:** Waldmüsliriegel

## WALNÜSSE

**Erntezeit:** September–Oktober

**Merkmale:** Man findet sie gern an Waldrändern in der Nähe von Weinbergen oder in Parks. Großer Baum bis 25 m Höhe, Früchte am Baum in grüner Schale, reift schwarz, im Inneren hellbraune harte Nussschale mit hirnförmigem Kern. Nach der Ernte luftig 5–6 Wochen trocknen lassen, z. B. in einem Netz.

**Verwendung:** Nüsse ganz oder gemahlen

**Rezeptidee:** Walnuss-Schoko-Energyballs

## HASELNÜSSE

**Erntezeit:** September–November

**Merkmale:** Weit verbreitet in Wäldern als 5 m hoher Busch. Die Früchte sind rundlich und sitzen in einem fiedrigen Becher am Ende von Zweigen. Nüsse bald verbrauchen, sind nicht lange haltbar.

**Verwendung:** Nüsse ganz oder gemahlen

**Rezeptidee:** Saftiger Haselnusskuchen

# Grundrezepte für Blütenzucker, Sirup und Co.

Von Beeren einmal abgesehen kann man die wenigsten Funde direkt im Wald vernaschen, die meisten müssen erst verarbeitet werden. Mit einigen der folgenden Rezepte lassen sich die gesammelten Leckereien sogar haltbar machen. Gut eignen sich Blütenzucker, Sirup oder Kompott, um sich die waldigen Genüsse für den Winter aufzubewahren.

## BLÜTENZUCKER

**Geeignet sind:** Veilchen, Holunderblüten, Weidenröschenblüten, junge Fichtennadeln
**Ergibt:** 50 g

10 g Blüten (grob abgeschüttelt, nicht gespült) mit 50 g weißem Rohrzucker in einem Blitzhacker zerkleinern. Nachdem eine homogene, feucht wirkende Masse entstanden ist, diese auf einem mit Backpapier ausgelegten Blech ausbreiten und 1 Tag trocknen lassen. Wenn der Zucker getrocknet ist, nochmals im Blitzhacker zerkleinern (aber nicht pulverisieren). Der Zucker hält sich gut in einem dunklen Schraubglas.

## FICHTENNADELSIRUP

**Ergibt:** 150 ml

100 g Fichtennadeln mit 100 g braunem Rohrzucker Schicht für Schicht in eine weithalsige Flasche oder ein hohes Schraubglas füllen. Mit Wasser aufgießen, bis alles bedeckt ist. Für 3 Wochen an einem hellen Ort ziehen lassen. Dabei täglich schwenken. Nach dieser Zeit den entstandenen Sirup durch ein feines Sieb geben, kurz aufkochen und in eine saubere Flasche füllen. Im Kühlschrank aufbewahren.

## HOLUNDERBLÜTENSIRUP

**Ergibt:** 200 ml
**Alternative:** Fliedersirup

Eine Zuckerlösung aus 150 g Zucker und 125 ml Wasser herstellen. Falls der Zucker sich nicht löst, das Ganze auf dem Herd erhitzen. 3–4 Dolden Holunderblüten nur leicht ausschütteln und mit der Zuckerlösung aufkochen. Vom Herd nehmen und für 24 Stunden ziehen lassen. Dann 1 TL Zitronensäure zur Haltbarmachung beifügen und nochmals aufkochen. Zum Schluss durch einen Filter im Trichter heiß in eine saubere Flasche füllen.

## LÖWENZAHNHONIG

**Ergibt:** 200 g

50 g Löwenzahnblüten (etwa 2 Handvoll) mit 300 ml Wasser vermischen und 2 Stunden ziehen lassen. Dann aufkochen, abkühlen lassen und über Nacht ziehen lassen. Abfiltern (z. B. durch ein feines Haarsieb gießen) und mit 300 g weißem Rohrzucker vermengen. 1 EL Zitronenabrieb sowie Saft von ½ Zitrone beifügen. Nun aufkochen und dann 2–3 Stunden bei niedriger Temperatur köcheln lassen. Man kann die richtige Konsistenz feststellen, indem man eine kleine Menge auf einen Teller gibt. Wenn sie dickflüssig wie Marmelade ist, den Löwenzahnhonig in heiß ausgespülte und abgetrocknete Gläser geben und verschließen.

HOLUNDER
ZUCKER
HOLUNDER
KOMPOTT
HAGEBUTTEN
MUS

## HOLUNDERBEERENKOMPOTT

**Ergibt:** 200 g

**Alternative:** Kompott aus Waldheidelbeeren oder Preiselbeeren. Mengen entsprechend anpassen.

10 Dolden reifer Holunderbeeren ernten und die einzelnen Beeren mit einer Gabel von den Stielen streifen. In einem Sieb waschen. In einem Topf mit 100 g braunem Rohrzucker, 1 EL Waldhonig und 3 EL Wasser mischen. Aufkochen und je 1 Prise Zimt, gemahlene Gewürznelke und Ingwerpulver hinzugeben. Gut umrühren und auf niedriger Stufe köcheln lassen. Wenn die Konsistenz leicht sirupartig ist, vom Herd nehmen und in ein sauberes Schraubglas füllen. Zur Verwendung ggf. erwärmen, damit es flüssiger wird.

## HAGEBUTTENPÜREE

**Ergibt:** 250 g

Von 500 g Hagebutten die Stiele und die schwarzen Blütenansätze entfernen. Abspülen und mit Wasser bedeckt in einem Topf 1 Stunde köcheln. Zunächst mit einem Kartoffelstampfer zerdrücken (dabei das Wasser mit im Topf lassen) und anschließend durch ein stabiles feines Sieb streichen. In ein sauberes Schraubglas füllen und im Kühlschrank aufbewahren.

## EICHELMEHL

**Ergibt:** 120 g

250 g lange helle Eicheln ohne Käppchen und ohne Wurmlöcher sammeln. Den Backofen auf 200 °C (Ober-/Unterhitze) vorheizen. Die Eicheln für 12 Minuten auf einem mit Backpapier ausgelegten Backblech rösten. Die Schale platzt dann etwas auf. Abkühlen lassen und die Schale samt Haut abziehen. Das geht mit einem kleinen Küchenmesser. Alternativ kann man den Ansatz wegschneiden und die Eicheln längs zerteilen, bevor man die Schale abzieht. Roh ergeben sich etwa 150 g Eicheln. Diese nun gut abspülen und mit kaltem Wasser bedeckt ziehen lassen. Das dient dazu, die Gerbstoffe auszuschwemmen. Nach 12 Stunden das Wasser wechseln. Das Ganze macht man 3 Tage lang, dabei alle 12 Stunden frisches Wasser auf die Eicheln geben. Nun das Wasser abgießen und die Eicheln grob zerteilen. An der Luft für 24 Stunden ausgebreitet trocknen lassen. Im Blitzhacker oder einer Kaffeemühle zerkleinern bzw. mahlen. Es ergibt sich eine fein nussartige Masse. Grobe Stücke weiter zermahlen. Nochmals etwas trocknen lassen und sauber abfüllen. Eichelmehl hält sich bis zu 1 Woche.

## GERÖSTETE MARONEN

Die Maronen von ihrer grünen Hülle befreien. Mit einem scharfen Messer auf der bauchigen Seite kreuzförmig einritzen. Den Backofen auf 200 °C (Umluft) vorheizen. Die Maronen auf ein mit Backpapier belegtes Blech geben und für 15 Minuten rösten. Wenden und weitere 5–10 Minuten rösten. Herausnehmen und kurz abkühlen lassen. Entweder direkt naschen oder die braune Hülle entfernen und die weichen Kerne zu Püree verarbeiten.

# Vegane Grundrezepte

In vielen Rezepten lassen sich bestimmte Zutaten wie Ei oder Schlagsahne leicht durch eine Alternative ersetzen, welche ich auch unter den Rezepten beschrieben habe. Manchmal funktioniert das Ersetzen jedoch nicht so leicht und daher muss eine komplett andere Rezeptur her. Damit sich das auf den Rezeptseiten nicht zu textlastig gestaltet, habe ich auf die entsprechenden veganen Grundrezepte in diesem Teil verwiesen und hier sind sie.

## VEGANER MÜRBETEIG

**Für 1 Tarte (24 cm ø) oder 1 Springform (20 cm ø) oder 2–3 Backbleche Kekse**

150 g Weizenvollkornmehl (oder normales Weizenmehl; für glutenfrei Buchweizenmehl nutzen) mit 50 g gemahlenen Mandelkernen, 60 g Puderzucker, 1 EL Abrieb von 1 unbehandelten Zitrone und 1 Prise Salz vermischen. Ei-Ersatzpulver entsprechend 1 Ei nach Packungsanleitung zubereiten und zusammen mit 140 g pflanzlicher Butter mit den Knethaken des Rührgeräts rasch verkneten. Zu einer Kugel formen und abgedeckt 1 Stunde im Kühlschrank ruhen lassen.

Für die Tarte den Teig ausrollen und die zuvor mit veganer Butter ausgestrichene und mit Mehl bestaubte Form damit auskleiden. Einen Rand hochziehen. Mit der Gabel mehrmals einstechen und bei 180 °C im vorgeheizten Backofen (Ober-/Unterhitze) für 12–14 Minuten vorbacken.

Für die Kekse den Teig auf einer bemehlten Arbeitsfläche 3 mm dick ausrollen und Figuren ausstechen oder schneiden. Bei 180 °C im vorgeheizten Backofen (Ober-/Unterhitze) für 8–10 Minuten backen, je nach gewünschtem Bräunungsgrad.

## VEGANER HEFETEIG

**Für 1 Kastenkuchenform**

75 g pflanzliche Butter und 250 ml Mandelmilch vorsichtig erwärmen, bis die Butter geschmolzen ist. 50 g weißen Rohrzucker einrühren, bis er sich aufgelöst hat. 500 g Weizenmehl (Type 550, oder 450 g helle glutenfreie Mehlmischung, dann 1 TL Xanthan zugeben) mit 1 Päckchen Trockenhefe, 1 EL grob gemahlenem Kardamom und ½ TL Meersalz mischen. Aus beiden Ansätzen einen Hefeteig mit der Hand oder der Küchenmaschine kneten, bis er nicht mehr klebt. Mit einem Tuch abdecken und 1 Stunde gehen lassen, bis sich das Volumen deutlich vergrößert hat. Dann wie eine Babka (siehe Seite 134) füllen und in eine Kastenkuchenform legen oder zu einem Zopf flechten – nochmals 20 Minuten gehen lassen. Im vorgeheizten Backofen bei 200 °C (Ober-/Unterhitze) für 45 Minuten backen. Bei einem Zopf reicht eine Backzeit von 25 Minuten.

## VEGANER RÜHRTEIG

**Für Schokoteig, alternativ Kakao weglassen**
**Für 1 kleinen Gugelhupf oder 8 Muffins**

125 g weiche pflanzliche Butter mit 1 Prise Salz und 125 g Vollrohrzucker mit den Schneebesen des Rührgerätes schaumig aufschlagen. 1 große überreife Banane zerdrücken und unterrühren. 2 EL Kakao, 200 g Weizenmehl (Type 450, alternativ Buchweizenmehl) und ½ Päckchen Backpulver vermischen. Die Mehlmischung zusammen mit 25 g (2 EL) Sojajoghurt und 50 ml Pflanzenmilch zur Buttermischung geben. In eine vorbereitete Gugelhupfform oder Muffinförmchen füllen. Im vorgeheizten Backofen bei 180 °C (Ober-/Unterhitze) für 22 Minuten (Muffins) bzw. 45 Minuten (Gugelhupf) backen.

## VEGANES BISKUIT

**Für 1 Blech Biskuit oder 4 kleine Biskuitböden (15 cm ø)**

150 g Weizenmehl (Type 550; oder Buchweizenmehl) mit 2 TL Backpulver, 1 TL Natron, 1 Prise Salz und 100 g weißem Rohrzucker sowie 40 g gemahlenen Mandelkernen vermischen. 200 ml Mandelmilch mit 1 EL Apfelessig verrühren und für 10 Minuten stocken lassen. Nun 80 ml Sonnenblumenöl in dünnem Strahl dazugeben und mit einem Löffel die Flüssigkeit mit den trockenen Zutaten vermischen. Auf ein mit Backpapier ausgelegtes Blech gießen und glatt streichen, alternativ 2 Springformen (15 cm ø) mit Öl auspinseln, mit Mehl ausstreuen und den Teig gleichmäßig darin verteilen. Im auf 180 °C (Ober-/Unterhitze) vorgeheizten Backofen für 18–20 Minuten backen. Nach dem Herausnehmen für die Biskuitrolle den Teig auf ein Küchentuch stürzen, das Backpapier abziehen und mit Geschirrtuch aufrollen, so auskühlen lassen.

## VEGANER QUARK-ÖL-TEIG

**Für ca. 7 Schnecken**

Ein grobes Tuch in ein Sieb legen und 250 g Kokosjoghurt hineingeben. Für 1–2 Stunden bei Raumtemperatur abtropfen lassen. Leicht ausdrücken, die Flüssigkeit wegschütten. 250 g Weizenmehl (Type 550; oder je 125 g Buchweizenmehl und Reismehl plus 1 ½ TL Xanthan) mit ½ Päckchen Backpulver, 1 EL grob gemahlenem Kardamom, ½ TL Meersalz und 50 g weißem Rohrzucker vermischen. 100 ml Sonnenblumenöl mit dem abgetropften Kokosjoghurt vermischen und mit dem Mehl gut verkneten. Mehr Mehl hinzufügen, falls der Teig zu feucht ist. Den Backofen auf 170 °C (Ober-/Unterhitze) vorheizen. Für Schnecken den Teig 2 cm dick ausrollen und etwas entspannen lassen. Nach Belieben füllen, aufrollen, in 4 cm dicke Scheiben schneiden, auf das Blech legen und für 20 Minuten backen.

## VEGANE TARTE-FÜLLUNG

**Für 1 Tarte (24 cm ø)**

200 g pflanzliche Schlagsahne mit 200 ml Sojamilch vermischen. Zusammen mit 40 g weißem Rohrzucker und 1 Päckchen Vanillepuddingpulver einen Pudding kochen. Noch heiß 75 g pflanzliche Butter in Würfeln unterrühren. Die Füllung auf einen vorgebackenen Tarteboden geben und auskühlen lassen. Alternativ kann Fruchtsaft anstelle von Pflanzenmilch für eine fruchtigere Füllung genutzt werden.

## VEGANE CHEESECAKE-FÜLLUNG

**Für 1 Springform (20 cm ø)**

250 g vegane Frischkäsecreme mit 550 g veganem Skyr und 250 ml Sojasahne mit einem Schneebesen vorsichtig verrühren. 160 g weißen Rohrzucker einrühren, gefolgt von 1 Päckchen Vanillezucker und einer Prise Salz. Ein Päckchen Vanillepuddingpulver möglichst klümpchenfrei mit dem Schneebesen in die Masse rühren.

In einen auf 170 °C (Ober-/Unterhitze) vorgeheizten Backofen eine ofenfeste Schale mit Wasser stellen. Die Füllung auf einen vorgebackenen Boden oder Kekskrümelteig geben und für etwa 1 Stunde 15 Minuten backen. Danach den Ofen ausstellen und den Kuchen 30 Minuten im geschlossenen Ofen auskühlen lassen. Das verhindert Risse. Herausnehmen und bei Raumtemperatur abkühlen lassen, dann über Nacht im Kühlschrank lagern.

## VEGANE FRUCHTSAUCE

**Für 1 kleinen Cheesecake (20 cm ø)**

250 ml Fruchtsaft mit 50–150 g Zucker (je nach Süße des Saftes) verquirlen, mit 22 g Maisstärke oder Vanillepuddingpulver anrühren, aufkochen und auf den ausgekühlten Cheesecake auftragen.

## VEGANE CUPCAKE-CREME

**Für 4–6 Muffins**

150 g pflanzliche Frischkäsecreme mit 2 EL Fruchtpulver (optional) oder 1 EL Blütensirup und 60 g Puderzucker glatt rühren. 60 g weiche pflanzliche Butter unterrühren. 100 g weiße Schokolade über dem Wasserbad schmelzen und noch flüssig unter die Creme heben. Diese in einen Spritzbeutel füllen und auf die vorgebackenen Muffins auftragen.

## VEGANES TÖRTCHEN-FROSTING

**Für 1 kleine Torte (15 cm ø mit 3–4 Böden)**

450 g vegane Frischkäsecreme auf Mandelbasis mit 150 g Puderzucker glatt rühren. 1–2 EL Ahornsirup zugeben. 150 g weiße Schokolade über dem Wasserbad schmelzen und noch flüssig unter die Creme heben. Diese mit einer Tortenpalette auf Böden und Seiten des Törtchens auftragen, auf Wunsch zwischen die Böden noch klein geschnittene Früchte oder Beeren geben.

## VEGANER LEMON-CURD

**Für 1 Glas (ca. 250 ml)**

2 unbehandelte Zitronen heiß abwaschen und abtrocknen, die Schale raspeln und den Saft auspressen. Es ergeben sich etwa 100 ml. 20 g Speisestärke mit 70 ml Mandelmilch glatt rühren. Den Zitronensaft und 90 g Zucker in einem kleinen Topf erhitzen. 80 g pflanzliche Butter in kleinen Würfeln zugeben und schmelzen, alles einmal aufkochen lassen. Sobald die Masse kocht, die Stärkemischung hineingießen und klümpchenfrei verrühren. 20 g Sojajoghurt und die Zitronenschale unterrühren. Nun alles für 2 Minuten in einem hohen Becher pürieren und in ein Schraubglas geben.

## VEGANE MACARONS

**Für ca. 20 Macarons**

125 ml Aquafaba (Kichererbsenwasser) in einem Topf auf 55 ml einkochen. Ab dem Siedepunkt dauert es etwa 15 Minuten, zwischendurch abmessen. Etwa 15 Minuten abkühlen lassen. Das eingekochte Aquafaba mit den Schneebesen des Rührgerätes oder noch besser mit der Küchenmaschine 3 Minuten auf höchster Stufe aufschlagen.

Nun ½ TL Zitronensaft beifügen, 60 g weißen Rohrzucker während des Mixens einrieseln lassen und für 10 Minuten weiterschlagen. Kurz vor dem Ende der 10 Minuten auf Wunsch 1 Messerspitze Lebensmittelfarbe in Pulverform hineingeben.

Während des Mixens 80 g gemahlene Mandelkerne und 70 g Puderzucker in einem Blitzhacker fein miteinander vermahlen und durch ein Sieb streichen (für fruchtige Macarons 4 g der Mandeln mit gefriergetrockneten Früchten ersetzen, diese mit vermahlen). Das Mandelpuder in zwei Schritten zur veganen Eiweißmasse aus dem geschlagenen Aquafaba geben und mit einem großen Löffel gut verrühren. In einen Spritzbeutel mit einer Lochtülle (7 mm) füllen und auf ein exakt mit Backpapier ausgelegtes Blech spritzen. Dabei nah am Backpapier spritzen und seitlich der Tülle hochquellen lassen, erst dann Spritzbeutel wegziehen. Mit der Hand mehrmals von unten gegen das Blech schlagen, um Luftbläschen entweichen zu lassen.

Die Tupfen 1 ½ Stunden antrocknen lassen. Den Backofen auf 120 °C (Ober-/Unterhitze) vorheizen und die Macarons erst für 25 Minuten backen, den Backofen ausschalten und dann nochmals für 30 Minuten im geschlossenen Backofen auskühlen lassen.

Herausnehmen, je zwei passende Schalen aussuchen und mit einer veganen Ganache füllen (z. B. 75 g geschmolzene Zartbitterschokolade mit 75 g veganer Frischkäsecreme verrühren, 45 Minuten abkühlen lassen und in einen Spritzbeutel füllen).

# Alternative Mehle

Nicht nur in der glutenfreien Bäckerei ist die Nutzung von Alternativen zu Weizenmehl zu empfehlen. Viele kennen Dinkelmehl, relativ gleichwertig zu nutzen wie Weizenmehl. Es gibt aber noch eine Reihe von weiteren Mehlsorten, die ein tolles Eigenaroma haben – von nussig über süßlich bis herb – und darüber hinaus zum Teil viele Mineralien mit einem gesundheitlichen Mehrwert enthalten. Zunächst aber ein paar Worte zum Gluten, bevor ich die Alternativen vorstelle.

Hinter dem Begriff Gluten verbergen sich Klebeproteine in bestimmten Getreidesorten. Durch das Vermischen mit Wasser bilden sie Glutenstränge, welche den Teig stabilisieren und ermöglichen, dass Luft darin gehalten werden kann. So wird das Gebäck locker und fluffig; man denke nur an ein softes Hefegebäck. Die Eigenschaft des Glutens hilft beim Backen und jeder, der gern bäckt, weiß dies zu schätzen.

Die bei uns am häufigsten eingesetzten Mehlsorten sind aus Weizen und Dinkel, welche am meisten Gluten enthalten, auch im jeweiligen Vollkornmehl. Darüber hinaus enthalten Roggen, Hafer, Gerste oder die eher unbekanntere Sorte Kamut Gluten. Glutenfreie Mehle können beispielsweise aus den folgenden Pflanzen und Pflanzenteilen hergestellt werden:

- Getreide: glutenfreier Hafer, Hirse, Mais, Teff, Reis
- Pseudogetreide: Buchweizen, Amaranth, Quinoa
- Wurzelknollen: Maniok, Süßkartoffel, Kartoffel
- Nüsse und Samen: Mandeln, Walnüsse, Esskastanie, Kokos, Hanf, Kochbanane
- Hülsenfrüchte: Erbse, Ackerbohne, Kichererbse, Soja, Linsen

In ihren Bindeeigenschaften, welche beim Backen unerlässlich sind, sind alle Mehle etwas unterschiedlich. Daher können sie nur teilweise als Ersatz für herkömmliches Mehl dienen oder mit glutenfreien Mehlmischungen gemischt werden, meist jedoch unter Zugabe von anderen Bindemitteln wie gemahlenen Flohsamenschalen, Johannisbrotkernmehl oder Tapiokastärke. Glutenfreie Mehlmischungen sind daher immer so aufgebaut, dass sie auf einem Kilogramm zu zwei Dritteln aus einem glutenfreien Mehl, einem Drittel Stärke und 4–8 TL eines Bindemittels bestehen, um gute Backeigenschaften zu entwickeln. Die Stärke bewirkt eine Lockerheit im Teig, kann aber auch den Flüssigkeitsbedarf eines Gebäcks verändern.

Folgende Mehlsorten findet ihr in meinen Rezepten – neben bereits fertigen glutenfreien Mehlmischungen, die im Handel erhältlich sind.

## BUCHWEIZENMEHL

Buchweizen ist, anders als der Name vermuten lässt, nicht mit dem Weizen verwandt. Aus den kleinen Nüsschen eines Knöterichgewächses wird das Mehl gewonnen, welches herb und nussig schmeckt. Es passt daher super zu Beeren oder anderem Obst. Buchweizenmehl färbt das Gebäck etwas dunkler, rustikaler und kann anstelle von Weizenvollkornmehl genutzt werden, da es auch einen gewissen Stärkeanteil hat. Dieses Mehl habe ich an verschiedenen Stellen in Biskuit für Törtchen genutzt, zum Beispiel bei dem Waldtörtchen mit Buchweizenmehl auf Seite 156.

## HAFERMEHL

Dieses Mehl wird aus Haferschmelzflocken hergestellt und hat daher eine leicht fasrige Struktur. Ob es glutenfrei ist oder nicht, kommt ganz auf die verwendeten Flocken an, da nicht alle Haferflocken glutenfrei sind. Das ist auf der Verpackung ausgewiesen. Hafermehl schmeckt leicht nussig, eben wie Haferflocken. Man kann es gut in süßem und herzhaftem Gebäck verwenden und die Hälfte von Weizenmehl oder glutenfreien Mehlen und Mehlmischungen ersetzen. Am liebsten verwende ich persönlich es in Pancakes (siehe Seite 100).

## KASTANIENMEHL

Aus Esskastanien gewonnen und früher als Arme-Leute-Mehl verschrien, erlebt Kastanienmehl, welches vor allem in Italien produziert wird, gerade eine Renaissance. Mit seinem leicht rauchigen und später nussigen Aroma liefert es einen sehr lockeren, hellbraunen Teig, der sich gut mit Schokolade oder herbstlichen Früchten kombinieren lässt. Eine extra Beigabe von Stärke ist nicht nötig. Um das gute Aroma zu erhalten, setze ich es ohne Beimischung von anderem Mehl ein und gebe entsprechende Bindemittel dazu. Eine gute Möglichkeit, dies zu testen, ist mein Birnenkuchen aus Kastanienmehl von Seite 138.

## KOKOSMEHL

Typisch nach Kokos schmeckt dieses Mehl, das aus getrockneten und gemahlenen Kokosnüssen hergestellt wird und damit auch entölt ist. Es darf nicht mit Kokosflocken verwechselt werden. Die Fasern sind in Kokosmehl nicht enthalten. Teige, denen man Kokosmehl zusetzt, erhalten ein zart kokosartiges, vanillig-süßes Aroma. Tatsächlich ist es wie eine Geheimzutat, die ich niemandem verrate, weil manche Kokos nicht mögen. Als Beigabe im Teig macht es diesen allerdings wunderbar aromatisch. Man kann sogar die Zuckermenge im Teig etwas reduzieren, was durch den Eigengeschmack ausgeglichen wird. Probiert gern mal die Kastanienschnitten auf Seite 136.

## REISMEHL

Dieses sehr feine Mehl wird vor allem in der asiatischen Küche verwendet, hat aber durch seinen neutralen Geschmack und die leichte Körnigkeit tolle Backeigenschaften. Ich habe es meist zu einem Fünftel bis zu einem Drittel ersetzt für andere Mehle oder glutenfreie Mehlmischungen. Es hat keinerlei Bindekraft, sorgt aber gerade bei Keksen oder Mürbeteigen für eine wirklich gute Konsistenz. Ich empfehle es daher für die Herstellung von mürben Keksen wie den Waldkräutersablés auf Seite 110.

Es gibt noch weitere Mehlalternativen, welche ich aber noch nicht verwendet habe, weshalb ich nicht aus Erfahrung sprechen kann. Vorstellen möchte ich sie euch trotzdem.

## TEFFMEHL

Ein Mehl aus Zwerghirse mit hohem Vollkorn- und Mineralienanteil. Schmeckt leicht nussig und besitzt gute Bindeeigenschaften mit Wasser. Es kann zur Hälfte als Ersatz für herkömmliche Mehle oder glutenfreie Mehlmischungen verwendet werden.

## BANANENMEHL

Aus der Kochbanane gewonnen und getrocknet, schmeckt es neutral bis leicht nussig. Es kann Weizenmehl oder anderes glutenfreies Mehl 1:1 ersetzen und auch zum Kochen verwendet werden.

## KICHERERBSENMEHL

Dieses Mehl wird aus getrockneten Kichererbsen hergestellt und schmeckt am besten zu herzhaften Gebäcken. Nicht roh verzehren, da es in diesem Zustand Giftstoffe enthält, die beim Erhitzen verschwinden. Weizenmehl oder anderes glutenfreies Mehl kann es bis zu zwei Dritteln ersetzen.

## MANDELMEHL

Dieses Mehl ist ein Nebenprodukt der Mandelölherstellung und enthält im Gegensatz zu gemahlenen Mandeln nur sehr wenig Öl. Man kann daher Mandeln keinesfalls mit Mandelmehl ersetzen oder umgekehrt. Beim Backen kann man aber durchaus ein Fünftel von Weizenmehl oder anderem glutenfreien Mehl damit ersetzen und erzielt so eine marzipanartige, süßliche Note.

## WALNUSSMEHL

Wie Mandelmehl entsteht es als Rückstand bei der Herstellung von Walnussöl und ist damit stark entölt. Es hat aber das gleiche Aroma wie Walnüsse und kann zu einem Fünftel anstelle von Weizenmehl oder anderem glutenfreien Mehl eingesetzt werden.

# Saisonkalender

| Pflanzentyp | Pflanze | Jan | Feb | Mrz | Apr | Mai | Jun | Jul | Aug | Sep | Okt | Nov | Dez |
|---|---|---|---|---|---|---|---|---|---|---|---|---|---|
| Waldblüten | Veilchen | | | ■ | ■ | ■ | | | | | | | |
| | Löwenzahn | | | | ■ | ■ | ■ | | | | | | |
| | Robinienblüte | | | | | ■ | ■ | | | | | | |
| | Holunderblüte | | | | | ■ | ■ | | | | | | |
| | Flieder | | | | | ■ | ■ | | | | | | |
| | Hornveilchen | | | | | ■ | ■ | ■ | ■ | ■ | | | |
| | Mädesüß | | | | | | ■ | ■ | ■ | | | | |
| | Weidenröschen | | | | | | ■ | ■ | ■ | | | | |
| | Heidekraut | | | | | | | | ■ | ■ | ■ | | |
| Kräuter | Vogelmiere | ■ | ■ | ■ | ■ | | | | | | ■ | ■ | ■ |
| | Fichtennadeln | | | | ■ | ■ | | | | | | | |
| | Waldsauerklee | | | | ■ | ■ | | | | | | | |
| | Waldmeister | | | | ■ | ■ | ■ | | | | | | |
| | Giersch | | | | | ■ | ■ | ■ | | | | | |
| | Brennnessel | | | | | | ■ | ■ | ■ | ■ | ■ | | |
| Beeren | Walderdbeeren | | | | | | | ■ | ■ | | | | |
| | Himbeeren | | | | | | | ■ | ■ | | | | |
| | Holunderbeeren | | | | | | | | ■ | ■ | | | |
| | Waldheidelbeeren | | | | | | | | ■ | ■ | | | |
| | Preiselbeeren | | | | | | | | ■ | ■ | | | |
| | Brombeeren | | | | | | | | ■ | ■ | ■ | | |
| Wildfrüchte/ Nüsse | Hagebutten | | | | | | | | | ■ | ■ | ■ | |
| | Sanddorn | | | | | | | | | ■ | ■ | ■ | |
| | Eicheln | | | | | | | | | ■ | ■ | ■ | |
| | Maronen | | | | | | | | | | ■ | ■ | |
| | Bucheckern | | | | | | | | | ■ | ■ | ■ | |
| | Walnuss | | | | | | | | | ■ | ■ | | |
| | Haselnuss | | | | | | | | | ■ | ■ | ■ | |

# Rezeptregister

# Bezugsquellen

**Blütensirup:** Getränkeabteilung des Supermarkts, Reformhaus
**Blüten, getrocknet:** www.direct-friendly.de, www.madavanilla.de
**Fruchtpulver:** www.madavanilla.de
**Hagebuttenmus:** Reformhaus
**Maronen:** frisch oder vakuumiert im Supermarkt
**Sanddornsaft:** Drogeriemarkt, Bioladen
**Vanillesalz:** www.madavanilla.de
**Veganer Honig:** »Wonig« von Vegablum

# Die Autorin

Candy Arnold-Prendel ist Bäckerin aus Leidenschaft und Autorin. Seit vielen Jahren backt sie v. a. Cheesecakes, Macarons und Tartes und bietet sie gelegentlich auf Streetfood-Märkten an. Ihr Faible für die Schönheit der Natur verband sie mit dem Backen und kam so zu »Süßes aus dem Wald« und den »Flower Cakes«. Zu sehen sind ihre Fotos auf Instagram unter @the.bohopastries. Im normalen Leben arbeitet sie im Arbeits- und Umweltschutz. Sie lebt mit ihrer kleinen Familie in Dresden im Grünen und liebt ihren großen Garten mit all seinen Blumen und Kräutern.

# Danksagung

Ich danke allen, die mich immer wieder ermuntert haben, an mein Talent zum Backen zu glauben. Nur mit eurem Zuspruch habe ich mich überhaupt getraut, immer mehr zu backen, die Ergebnisse zu fotografieren und die Rezepte und Bilder zu veröffentlichen.

Im Besonderen danke ich der Produktmanagerin Johanna von Pechmann vom Christian Verlag für die gute Zusammenarbeit bei der Vorbereitung und Abstimmung des Buches.

Meiner Freundin Nancy Reim möchte ich für ihre Geduld beim Fotografieren danken – sie hat von mir ein paar schöne Fotos in der Natur gemacht und mich beraten – nicht nur beim Buch, sondern auch schon im Vorfeld.

Meiner Freundin Anja Gzuk möchte ich einen ganz herzlichen Dank und Gruß dalassen, da sie mit ihrem Zuspruch meine Motivation und meinen Mut angefeuert hat und immer ein positives, aufmunterndes Wort für mich hat.

Überhaupt danke ich meinen Eltern, meiner Schwester, meinen Nachbarn und all meinen Freundinnen, für die ich backen durfte und die mich positiv bestärkt haben in dem Gedanken, dass ich so etwas wie ein Talent habe – meinen Eltern Iris und Holger, Monique, Elena, Yona, Moni, Marion und Diana.

Einen besonders lieben Dank möchte ich noch meiner eigenen kleinen Familie aussprechen. Mein Mann André und meine Tochter Isabella hatten viel Geduld, als die Küche wochenlang voller Kuchenformen und -krümel sowie Kräuter und Blumen aller Art war. Nur mit ihrer Unterstützung war es mir möglich, das Projekt so gut zu realisieren. Mein Mann hat auch einige Fotos gemacht, als wir im Wald unterwegs waren.

Durch die vielen tollen Bücher von Wolf-Dieter Storl und Peter Wohlleben bin ich enger in Kontakt mit dem Thema Wald gekommen. Ihnen und den vielen Waldbegeisterten generell danke ich, dass der Wald in aller Munde ist und überhaupt das Interesse daran so stark gewachsen ist.

Am Ende danke ich allen neugierigen Hobbybäckerinnen und -bäckern und Inspirationsquellen (BloggerInnen, InfluencerInnen und Food-FotografInnen) – durch die vielen Anregungen fließen meine Ideen in einem stetigen Strom von Kreativität und Freude.

# Impressum

Verantwortlich: Johanna von Pechmann
Texte, Rezepte & Foodstyling: Candy Arnold-Prendel
Redaktion: Bettina Spangler
Korrektorat: Mareike Weber
Layout: Silke Schüler
Umschlaggestaltung: Regina Degenkolbe, Rudi Stix
Repro: LUDWIG:media
Herstellung: Julia Hegele
Printed in Poland by CGS Printing

Bildnachweis
Bildnachweis: Alle Bilder des Innenteils stammen von der Autorin.

Alle Angaben dieses Werkes wurden von den Autoren sorgfältig recherchiert und auf den neuesten Stand gebracht sowie vom Verlag geprüft. Für die Richtigkeit der Angaben kann jedoch keine Haftung übernommen werden, weshalb die Nutzung auf eigene Gefahr erfolgt. Sollte dieses Werk Links auf Webseiten Dritter enthalten, so machen wir uns die Inhalte nicht zu eigen und übernehmen für die Inhalte keine Haftung.

In diesem Buch wird aus Gründen der besseren Lesbarkeit das generische Maskulinum verwendet. Weibliche und anderweitige Geschlechteridentitäten werden dabei ausdrücklich mitgemeint, soweit es für die Aussage erforderlich ist.

**Einfach nachhaltig**

Nachhaltigkeit ist uns wichtig! Mit diesem Buch unterstützen Sie eine ökologische Produktion. Wir verwenden FSC-zertifizierte Papiere, drucken mit mineralölfreien Druckfarben, verzichten auf das Einschweißen in Plastikfolie und achten auf kurze Transportwege.

FSC www.fsc.org MIX Papier | Fördert gute Waldnutzung FSC® C111616

★★★★★

**Sind Sie mit diesem Titel zufrieden? Dann würden wir uns über Ihre Weiterempfehlung freuen.** Erzählen Sie es im Freundeskreis, berichten Sie Ihrem Buchhändler oder bewerten Sie bei Onlinekauf. Und wenn Sie Kritik, Korrekturen, Aktualisierungen haben, freuen wir uns über Ihre Nachricht an Christian Verlag, Postfach 40 02 09, D-80702 München oder per E-Mail an lektorat@verlagshaus.de.

Die Deutsche Nationalbibliothek verzeichnet diese Publikation in der Deutschen Nationalbibliografie; detaillierte bibliografische Daten sind im Internet unter http://dnb.d-nb.de abrufbar.

Unser komplettes Programm finden Sie unter:
www.christian-verlag.de



ISBN 978-3-95961-805-2

# Ebenfalls erhältlich ...

ISBN 978-3-95961-732-1

ISBN 978-3-95961-800-7

ISBN 978-3-95961-722-2

ISBN 978-3-95961-679-9